雅俗共赏话扇子

中国
俗文化丛书

丛书主编 高占祥
王庆云 李万鹏 著

山东教育出版社

图书在版编目(CIP)数据

雅俗共赏话扇子/王庆云，李万鹏著. —济南：山东教育出版社，2016

(中国俗文化丛书/高占祥主编)

ISBN 978-7-5328-9314-0

Ⅰ.①雅… Ⅱ.①王… ②李… Ⅲ.①扇—文化—中国 Ⅳ.①K875.2

中国版本图书馆 CIP 数据核字(2016)第 052135 号

中国俗文化丛书　　高占祥　主编

雅俗共赏话扇子　　王庆云　李万鹏　著

出 版 人：刘东杰

出版发行：山东教育出版社

　　　　　（济南市纬一路 321 号　邮编：250001）

电　　话：(0531)82092664　传真：(0531)82092625

网　　址：www.sjs.com.cn

发 行 者：山东教育出版社

印　　刷：山东临沂新华印刷物流集团有限责任公司

版　　次：2017 年 2 月第 1 版第 1 次印刷

规　　格：787mm×1092mm　32 开本

印　　张：5 印张

印　　数：1—3000

插　　页：4 插页

字　　数：80 千字

书　　号：ISBN 978-7-5328-9314-0

定　　价：13.00 元

（如印装质量有问题，请与印刷厂联系调换）

印厂电话：0539-2925659

图1
汉画像石拓片。
画面中人手所
举的为"便面"
（扇）

图2
河北出土辽代墓中壁画之一，
扇火人所执是专门摧火用纨扇

图3 唐代阎立本绘《步辇图》
官女所持者即为仪仗扇

图4 宋代纨扇面

图5 明 唐寅 葵石图

图6 明 唐寅 枯木寒鸦图

图7 明 董其昌
仿倪瓚山水

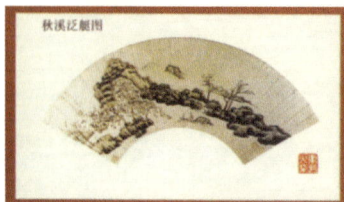

图8 明 陈洪绶 秋溪泛艇图

图9 清 吴伟业 山水图

图10
清代宫廷画扇

图11
清代宫廷画扇

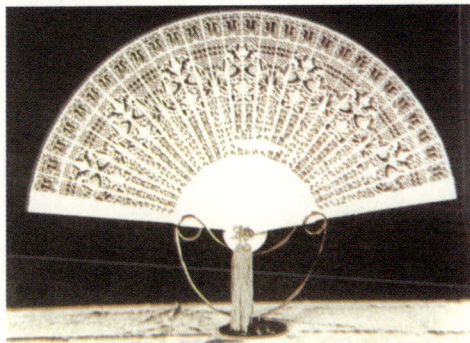

图12
镂空全象牙扇

图13 著名国画家齐白
石画的扇面

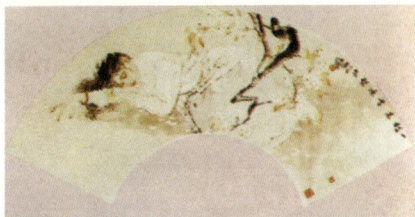

图14 著名画家何家英先生所作扇面

图15 著名画家王庆升先生所作扇面

图16 著名诗人、摄影家、
散文家、书法家高占
祥先生所书扇面

图17 苏州绢画扇

图18 苏州绢面手绘骨腰镂空女士用扇

图19
杭州黑纸扇（面绘水浒
108将），扇骨为棕制

图20　山东高密民间工艺麦草扇

图21　扇子与外国艺术
　　——芭蕾舞

图22　工艺礼品扇

中国俗文化丛书
编委会

主　　任：高占祥

副 主 任：于占德

编　　委：（以姓氏笔画为序）

中国俗文化丛书

主　　编：高占祥
执行主编：于占德
副　主　编：于培杰
　　　　　叶　涛
　　　　　刘德增

序

　　在中华民族光辉而悠久的历史传统文化中，俗文化占有十分重要的地位。它不仅是雅文化不可缺少的伴侣，而且具有自身独立的社会价值。它在中华民族的发展历程中，与雅文化一起描绘着中华民族的形象，铸造着中华民族的灵魂。而在其表现形态上，俗文化则更显露出新鲜、明朗、生动、活跃的气质。它像一面镜子，折射出一个民族、一个地区的风土人情和生活百态。从这个角度看，进一步挖掘、整理和发扬俗文化是文化建设的一项战略任务。

　　俗文化，俗而不厌，雅美而宜人。不论是具体可感的器物，还是抽象的礼俗，读者都可以从中看出，千百年来，我们的祖先是在怎样的匠心独运中创造出如此灿烂的文化。我们好像触到了他们纯正的品格，听到了他们润物的声情，看到了他们精湛的技艺。他们那巧夺天工的种种创造，对今人是一种启迪；他们那健康而奇妙的审美追求，对后人是一种熏陶。我们不但可从这辉煌的民族文化中窥见自己的过去，而且可以从中展望美好的明天。

俗文化，无处不在，丰富而多彩。中华民族，历史悠久，地大物博，人口众多，在长期的生活积淀中，许多行为，众多器物，约定俗成，精益求精。追根溯源，形成系列，构成体系，展示出丰厚的文化氛围。如饮食、礼俗、游艺、婚丧、服饰、教育、艺术、房舍、风情、驯化、意趣、收藏、养生、烹饪、交往、生育、家谱、陵墓、家具、陈设、食具、石艺、玉器、印玺、鱼艺、鸟艺、虫艺、镜子、扇子等等，都是俗文化涉及的范围。诚然，在诸多领域里，雅俗难辨，常常是你中有我，我中有你，彼此交叉，共融一体；有的则是先俗而后雅。

俗文化，古而不老，历久而弥新。它在人们的身边，在人们的生活中，无时无刻不影响人们的思想、观念和情趣。总结俗文化，剔除其糟粕，吸收其精华，对发扬民族精神，增强民族自信心，提高和丰富人民生活，都具有不可忽视的意义。世界文化是由五彩斑斓的民族文化汇成的，从这个意义上讲，愈是民族的，就愈是世界的。因此，我们总结自己的民俗文化，正是沟通世界文化的桥梁。这是发展的要求，时代的召唤。

这便是我们编纂出版这套《中国俗文化丛书》的宗旨。

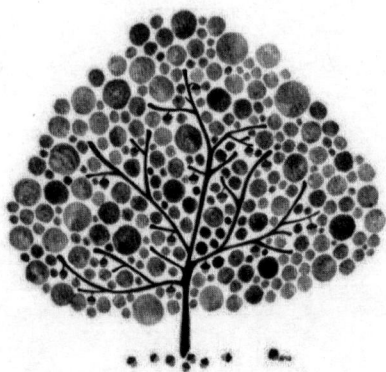

一、遥远的传说

（一）伏羲女娲扇障面

扇子的起源，众说纷纭，莫衷一是。从目前见到的资料推测，作为一种文化现象，它的创始和繁荣昌盛的历史，应该是与华夏文明同步形成和发展起来的。其可溯之源十分遥远，甚至还能追究到远古时代有关三皇五帝的人文神话和创造发明传说那里。古史传说时期，流传下若干有关扇子的传说，像"羲扇"、"蓬莆"、"五明扇"、"禹扇"等，都或隐或现地昭示着扇子的起源和扇事的悠久历史。其中，伏羲、女娲结草为扇的神话传说，历史年代最早，流传地域和流传时间也最为广远。

民歌俗曲里有"自从盘古开天地，三皇五帝到如今"的说法。所谓"三皇"，伏羲居首，人称为"羲皇"。他与女娲都属于神话传说中的人物，具有半神半人的形象和品格，反映着原始社会母权制向父权制过渡时期的人文特征。女娲传土造人的神话，伏羲定夫妇之道的传说，以及女娲与伏羲兄妹成婚，并辅佐伏羲"订婚礼"、"置女媒"的种种故事，使后人尊奉他们为人类的祖先，俗称"人祖"，或称"人祖爷"、"人祖奶"。结草为扇是他们兄妹成婚故事的一部分。较早且较为完整地记录这个故事的，是唐代人李冗的《独异志》，其卷下有"女娲兄妹为夫妇"一则，说：

> 昔宇宙初开之时，只有女娲兄妹二人，在昆仑山，而天下未有人民，议以为夫妻，又自羞耻。兄即与其妹上昆仑山，咒曰："天若遣我兄妹二人为夫妻，而烟悉合；若不，使烟散。"于烟即合。其妹即来就兄，乃结草为扇，以障其面。今时人取妇执扇，像其事也。

这类故事如今还在一些地区的群众口头上活着，只不过对天卜誓的内容或多或少、以扇障面的情节或有或无而已。《独异志》所述并没有涉及洪水传说，而是紧接开辟神话之后，所以它更带有天地开辟创造人类神话传说的原始形态。如今的兄妹成婚传说却更多的是洪水遗民再造人类神话的反映。

故事里的"结草为扇"说明远古时期的人们已经会用草来编织或者扎缚扇类。此扇类是否用来扇风不得而知，从"以障其面"来推测，至少可以作遮蔽之用，算作是障扇之类。后世有人称这类扇为"羲扇"，宋代人李曾伯的《避暑赋》中就有"举羲扇，披楚衣"之句。一个"举"字似乎也在暗示"羲扇"的障荫蔽日功能。至于后世"取妇执扇"，虽已不再结草为扇，而是用纱扇、罗扇、纨扇之类，却仍然沿袭兄妹结婚的遗意，行"障扇"、"却扇"之礼，遮蔽的功能一脉相承，不管作为仪仗还是仪式，都不例外。

在一些汉画像石上，伏羲和女娲经常呈现为人身蛇尾，对对双双交结一起。男像手持日或者规，女像手持月或者矩。据说日月和规矩的文化内涵隐喻着阴阳和天地，其外形却像各操一把扇子。后人常说扇子"片月内掩，重规外圆"，"文淑赏其如规，班姬俪之明月"等。明代人支廷训在《持风使者传》中，更用拟人手法说扇子"姓操名规，来清其字也"。伏羲、女娲所持之物与扇子之间有某种联系，似无问题。

当然，传说毕竟是传说，我们只能领会其中给予人们的启示，在将信将疑中汲取合理的内涵。

（二）尧王舜帝始造扇

扇子，古又称之为箑翣。明李时珍《本草纲目·服器部·蒲扇》云："上古以羽为扇，故字从羽；后人以竹及纸为箑，故字从竹。"也就是说，从字形看，扇是羽制，箑是竹制。"翣"者，《小尔雅》曰："大扇谓之翣。"然而汉扬雄《方言》曰："扇，自关而东谓之箑，自关而西谓之扇。"晋郭璞注："今江东亦通名扇为箑。"《淮南子·精神训》："知冬明箑。"东汉高诱注："箑，扇也。楚人谓扇为箑。"由此观之，扇、箑、翣，实则一也，都是今日所说的"扇"，只是在古因方言不同，发音有异，且各扇子制作用料不一，因而从字有别。

与"扇"同义者，还有"萐"，从草，意即用草制作的扇子。此草即名为"萐"，也称为"萐莆"，原被视为一种瑞草，因而将其附会到了远古三代帝王身上。《说文·草部》解释说："萐，萐莆，瑞草也。尧时生于庖厨，扇暑而凉。"后世也因以为扇子的起源。

尧，传说为陶唐氏部族领袖，炎黄联盟首领，史称唐尧。据梁任昉《述异记》载："尧为仁君，一日十瑞。""萐莆生厨"就是其中的一种祥瑞。《宋书·符瑞志》说："帝尧时，厨中自生肉脯，其薄如蓳，摇动生风，食物寒而不臭，名曰蓳脯。"这似乎是从脯字附会出来的，原是一种误解。《白虎通·封禅》曰："蓳莆者，树名也，其叶大于扇，不摇自扇，于饮食清凉，助供养也。"《续博物志》对蓳莆的性状有详细的介绍，说："蓳莆者，其状如蓬，枝多叶少，根如丝，叶如扇，不摇自动风生，主庖清凉，驱杀虫蝇，以助供养。尧时生于厨，为帝王去恶。"《太平御览》引《孙氏瑞应图》："蓳莆，王者不征滋味，厨不逾深盛，则生于厨，一名倚扇，一名实闾，一名倚蓳。生如莲，枝多叶少，根如丝，转而生风，立于饮食清凉，驱杀虫蝇。"

当然，也有人不信此说。王充《论衡·是应篇》："儒者论太平瑞应，皆应气物卓异，朱草、醴泉、翔凤、甘露、景星、嘉禾、蓳脯、蓂荚、屈轶之属……有溢美过实。瑞应之物，或有或无。"但无论如何，这种可起到扇子作用的瑞草蓳莆，还是使我们联想到至今还年年夏天摇在人们手中的蒲扇——俗语所说的"芭蕉叶子扇"。也许尧时人们就的确发现了它的性状功能，只不过赋之以"祥瑞"之神秘色彩罢了。

舜，古史传说中的一代圣明帝王，许多圣者的德行都集中到他的身上，扇子的起源也便被认为与他的政绩有关。传说他作五明扇以广开视听，后人便把扇子的发明权也附会到了他的身上。晋人崔豹的《古今注·舆服》曰：

> 五明扇，舜所作也。既受尧禅，广开视听，求贤人以自辅，故作五明扇焉。秦、汉公卿士大夫皆得用之。魏、晋非乘舆不得用。

五明，意即广达圣明。"五"，东、西、南、北、中；"明"，《淮南子·精神训》曰："耳目清，听视达，谓之明。"舜作为古史帝王，他巡幸视察东西南北中，观风以知政，招贤以自辅，所用自然是障扇或曰掌扇之类，后世衍为王侯公卿的一种仪仗扇。

或云五明扇为黄帝时即有。宋高承《事物纪原·扇》中引述《古今注》后又说："而《黄帝内传》亦有五明扇，则扇之起以五明而制也。"明徐矩明《事物原始》又补充说：

> 《古今注》曰：扇，一名箑。《黄帝内传》有五明扇。天子用雉尾扇，即掌扇也。舜广开视听，以求贤人，作五明扇。又云武王使玄览作之。汉名为障翳。

无论怎么说，今已难以考证。但从这些说法中，我们尽可知道古人对扇的重视，以及对扇子文化起源的追溯。

（三）扇业祖师尊齐纨

从前社会上的各行各业都有祖师，或曰行业神，说书的供奉周庄王，唱戏的供奉唐明皇，木匠供奉鲁班，染匠供奉葛洪，理发馆供奉吕洞宾或者罗祖，铁匠铺供奉太上老君或者尉迟恭，制笔业供奉蒙恬，造纸行供奉蔡伦，如此等等；而扇业的祖师，据杭州从业人员所说，是周代的齐纨。

杭州是我国历史上的制扇名域，自古便有"杭州雅扇"之誉。杭州传统地方特产"五杭"之中，杭扇居首位。苏东坡守杭时，曾为扇子铺书画十几把扇子，解决了铺主的债务纠纷，时人传为佳话。宋室南迁以后，杭州为临时京都，清河坊以东逐渐形成了一条扇子作坊和扇子店铺云集的扇子巷，有两里多长。宋理宗景定年间，清和坊扇店曾出现过道士补扇题诗的事，使生意比常增加十倍，店主也因而致富。

杭州城里兴忠巷有一座扇业祖师殿，殿内供奉的祖师称为齐纨，另外还供有 600 多位历代扇业工艺名人的牌位。故老相传，齐纨是周代一路诸侯，是扇子的创始者。这座祖师殿始建于何时已不可考，据扇业会馆的碑文记载，重建时间在清光绪十四年（1888 年）。

　　齐纨，历史上并无此人。但是，前代学者认为周武王时才开始制造扇子，有"武工扇暍"、"武王始作箑"、"武王使元览作之"、"昔武王玄览造扇于前"等说法，这与传说齐纨生活的年代相同。"玄览"是个人名，还是指深刻的观察，且不去管它，而与"齐纨"声音相近，却大有互相讹误、顺势取代的可能。至于齐纨一名的落实，显然是因齐国地区出产的一种丝织品——"齐纨"，经常被用来制作扇子而附会来的。纨，细绢，或细致洁白的丝绸，春秋战国时期已闻名天下。《列子·周穆王》记载："衣阿锡，曳齐纨。"《汉书·地理志》也说：齐地"织作冰纨绮绣纯丽之物，号为冠带衣履天下"。当时鲁国地区还出产一种未经染色的轻细生绢，与之并称为"鲁缟齐纨"。杜甫《忆惜》诗有"齐纨鲁缟车班班，男耕女桑不相失"之句，可见其对后世的影响。

　　至晚到西汉时期，齐纨就被用来制作扇子了。汉成帝班婕妤的《怨歌行》中说："新裂齐纨素，皎洁如霜雪。裁成合欢扇，团团似明月。"因此，这种用齐纨制作的团扇，便又称为纨扇，或者称作齐纨扇。后来甚至把团扇直接叫作齐纨。《红楼梦》中就有诗说："水亭处处齐纨动，帘卷朱楼罢晚妆。"

　　大约就是这种原因，与扇子有关的"齐纨"便被附会或者误认为扇子的创始者，从而被奉为扇业祖师了。这种由事物演化为人神的现象，在历史上并不少见。

齐纨被尊为扇业祖师的年代无考。一般说来不会早于汉代，或许在明清时期也未可知。因为行业神是商品经济发展时期的产物。只有形成某种行业，形成某种师承关系，才会去塑造祖师，才会出现行业神。

（四）扇面河功归八仙

"八仙"吕洞宾、铁拐李、汉钟离、蓝采和、曹国舅、韩湘子、张果老、何仙姑，每仙都有一件宝器。吕洞宾的箫管（一说是宝剑），铁拐李的葫芦（一说是拐杖），汉钟离的扇子（一说是鼓），蓝采和的竹篮（一说是拍板），曹国舅的云板，韩湘子的铜箫（一说是花篮），张果老的渔鼓（一说是纸驴），何仙姑的荷花（一说是竹罩），在"八仙过海"中各显神通。其中烟台庙岛一带的传说是这样的：

吕洞宾、铁拐李、汉钟离、蓝采和、韩湘子、张果老、曹国舅、何仙姑得道成仙后，居住在丹崖山下的仙人洞中。这一天，铁拐李酒后心兴，口中念道："都说三神山好个风光，我等何不前去领略一番！"众仙齐声道好。吕洞宾言道："我等既已成仙，今番渡海均不得乘船，只凭个人道法若何?"众仙听了欣然赞同，个个拿出了宝贝。汉钟离将手中的扇子往海里一扔，这扇子便大如蒲席，他醉眼惺忪，仰躺其上。何仙姑将荷花往水中一抛，顿时红光一闪，花大如盘，清香幽幽，她纵身一跳，亭亭玉立于荷花心上。见汉、何先行，其他六位也不甘落后。铁拐李的葫芦，曹国舅的云板，张果老的渔鼓，韩湘子的铜箫，蓝采和的竹篮，吕洞宾的宝剑，也都各显其能，悠然畅行在万顷波涛之上。

说来也巧，这天东海龙王敖广酒后兴浓，带着虾兵蟹将出海游玩。行至渤海，见八仙宝贝各显神通，不由心生歹意，便派虾兵蟹将等抢走了蓝采和的竹篮。蓝采和与之争斗，又被龙王抓了起来，关进水宫。其余七仙见状大怒，连斩敖广的两个儿子，大败了虾兵蟹将。东海龙王子丧兵败，便请来南海、北海、西海龙王。四海龙王催动三江四海五湖之水，掀起滔天巨浪，要把众仙卷进海底。正在危急之时，这海水突然分开两边，让出一条路来。原来曹国舅的云板是件避水的宝贝。他怀抱云板前头开路，众仙后面依次相随，任凭水阵啸嚣，全然奈何不了他们。

四海龙王见此法不行，便又调动了四海兵将准备再战。

正要大动干戈，惊动了观音菩萨。由于菩萨出面调停，东海龙王只好放出蓝采和，交还了竹篮。八位仙人更各持己宝，踏波踩浪，直奔三神山去了。这就是"八仙过海，各显神通"一词的由来。（录自《庙岛群岛》）

"八仙"中的汉钟离、吕洞宾，据今学者考证，其"原型"是唐五代人，演为八仙人物当在宋代。吕洞宾的得道成仙，据说还是汉钟离点化的结果。《人民日报·海外版》1987年5月11日发表尹其超《仙人洞内的良缘》一文，即有此说：吕洞宾原名吕岩，山西永济人，两举进士不第，失魂落魄，为一名叫翠娥的女子相救。翠娥之父高太尉不容，二人遂死里逃生，辗转来到黄海之滨，丹崖山下，住进一洞，相依为命，相敬如宾。又逢大比之年，吕岩又赴京赶考，被高太尉发现，派人逼翠娥回家，翠娥宁死不从，跳丹崖而死。吕岩考毕回来，寻翠娥不见，知其已死，也决计一死了之。刚要投身大海，被一大汉用扇子扇了回来，这大汉就是汉钟离。汉钟离劝他苦志修行，抛却尘念，得道成仙。吕岩为念与翠娥洞中相敬如宾之情，改名吕洞宾，吃下汉钟离从扇坠中取出的一粒金丹，遂走上"仙人桥"，飘然而去。

看来这汉钟离的扇子还真法力无边，在传说中，天津的海河居然也是他的扇子所为。兹据赵成玉、皇甫姜《扇子趣话》（山西人民出版社，1987）转录这一传说如下，名《扇面河》。

天津的海河并不长，上游从天津东北部金钢桥附近的子牙河、南运河汇合处起，到大沽口海河闸止，不过七十多公里，可是水系支流甚多，除直接注入的北运、永定、大清、子牙、南运河五大支流外，长度在十公里以上的河流，总计有三百多条，分别由北、西、西南三个方向汇进海河，形成一个巨大的"扇面"，海河主干则像"扇把"顺卧在天津这块土地上。

传说，天津曾是"八仙过海"时歇过脚的河滩地。当时，碱地千里，荒无人烟，到处是沙窝，举目是盐碱，无泉少水，寸草不生。

有一天，八仙各显神通，从天庭来到这里。他们一路奔波，个个汗流满面，口渴难耐。就连张果老的毛驴也塌了毛，蓝采和的仙鹤也打了蔫，于是众仙推派身体最为强壮的汉钟离去寻水。

汉钟离受众仙之托，顶烈日，冒酷暑，在大海滩上寻觅。从日头当顶，到日头偏西，累得脚脖子生疼，嗓子眼儿冒烟，连个水星也没见着。一赌气，他抽出芭蕉扇，往沙地一扔，伏身倒地，头枕扇子打起了呼噜。一觉醒来，忽觉脑后有一股凉气，用手一摸，湿漉漉的，颇为惊奇。他一骨碌爬起来，拿开扇子，发现扇子下竟是一个碗口大小的泉眼。

原来，汉钟离具有九牛二虎之力，又是个大梆子头，当他赌气躺倒时，那颗大脑袋就像 18 磅大锤似的，把沙地砸了个大窟窿，恰好砸在水脉上，形成了泉眼。

汉钟离赶快趴在地上，来了个"老牛饮水"，"咕噜咕噜"喝了个够，然后又解下铁拐李借给他的大葫芦，灌满了泉水，准备捎给盼他归返的众仙。

正当他插好扇子，背起葫芦往回走时，脑海突然闪出一个念头儿，这泉眼可得好好保存，别叫风沙给埋了，说不定渡海回来时，还能用上。于是，他顺手将芭蕉扇盖在泉眼上，转身走了。

天长日久，泉水上溢，顺着扇褶，四处流淌，渐渐形成了扇形河流，直到今天，仍没有变样。据传说，那"扇面"与"扇把"连接的三岔口处，就是当年汉钟离砸地成河的泉眼（选自《天津风物传说》）。

其实，现实生活中并没有芭蕉叶扇，人们所谓的芭蕉扇，应该是蒲葵扇。正如清代人梁绍壬《两般秋雨庵随笔·葵扇》所说："广东新会县出葵扇，葵非蕉也，骚人诗词往往俱赋蕉扇，其实蕉不可以为扇，故并无是物。"真正的芭蕉扇只在文艺作品中才能见到，拿它的都是神仙、妖魔之类，如许真君、铁扇公主、汉钟离等。

二、宫廷的宠物

（一）周王喜用雉尾扇

雉尾扇，也叫作雉扇，是用野鸡美丽的羽毛做成的，属于羽扇之类，又并非全是羽毛编织而成，羽毛主要起装饰作用。晋人崔豹的《古今注·舆服》说：

> 雉尾扇，起于殷世。高宗时有雏雉之祥，服章多用翟羽。周制以为王侯夫人之车服。舆车有翣，即缉雉羽为翣扇，以障翳风尘也。汉朝乘舆服之，后以赐梁孝王。魏晋以来无常，惟诸王皆得用之。

高宗指的是商朝国王武丁。所谓雏雉之祥，说的是高宗时有雄雉鸡飞在鼎耳上迎着红日高叫，时人以为祥瑞之兆。商部族以鸟为图腾，据说其始祖契，是简狄吞玄鸟卵而生，所以其后代对鸟有特别的感情。他们穿着用翟羽作装饰的衣服，并用雉羽装饰舆车，制作雉尾扇，以标志自己的社会身份。后来，这类雉尾的来源少了，雉尾扇就用得少了，逐渐成为珍稀之物了。

据晋人王嘉《拾遗记》卷二载：

> （周昭王）二十四年，涂修国献青凤、丹鹊各一雌一雄。孟夏之时，凤、鹊皆脱易毛羽，聚鹊翅以为扇，缉凤毛以饰车盖也。扇一名游飘，二名条翩，三名亏光，四名仄影。时东瓯献二女，一名延娟，二名延娱，使二人更摇此扇，侍于王侧，轻风四散，泠然自凉。

这是西周年间的事，那时社会上流行的主要是箑扇，羽扇尚属稀罕之物，因此后人把这几把扇子的制作视为羽扇的起源。宋人高承的《事物记原·羽扇》一条引述这则材料后说："此疑羽扇之始也。"此疑在明人徐矩明的《事物原始》里被得到了肯定："此作羽扇之始。"

古代的羽扇，以素白者为多见，经常用鹤鹭的羽翼编织而成，不像后代崇尚的雕翎扇等，因而白鹤扇便成了早期羽扇的代表。可是在春秋战国时期，招风引凉的羽扇还不多见。周王朝的翣，虽然也是编羽或者饰羽而成，但那是一种礼制性的大扇，非一般人所用。受礼制的限制，一般人多用箑扇。所以当有人手执白羽扇在社会上出现时，便引起人们议论，甚至嗤笑责难。西晋人陆机在《羽扇赋》的序言中就讲了战国时的一件轶事：

> 昔楚襄王会于章台之上，山西与河右诸侯在焉。大夫宋玉、唐勒侍，皆操白鹤之羽以为扇。诸侯掩麈尾而笑，襄王不悦。宋玉趋而进曰："敢问诸侯何笑？""昔者武王玄览，造扇于前，而五明安众，世繁于后，各有托于方圆，盖受则于箑甫。舍兹器而不用，顾奚取于鸟羽？"宋玉曰："夫创世者恒朴，而饰终者必妍。是故烹饪起于热石，玉辂基于椎轮。安众方而气散，五明圆而风烦，未若兹羽之为丽，固体后而用鲜。于是镂巨兽之齿，裁奇木之干，宪灵朴于造化，审贞则而妙观。"诸侯曰："善。"宋玉遂言曰："伊兹羽之骏敏，似南箕之启扉，垂皓曜之奕奕，含鲜风之微微。"襄王仰而拊节，诸侯伏而引非，皆委扇于楚庭，执鸟羽而言归。属唐勒而为之乱曰：

> 伊鲜禽之令羽，夫何翩翩与眇眇。反寒暑于一堂之末，回八风乎六翮之杪。

这里以宋玉云云，不见经传，大约是陆机假托之词。但我们通过此赋，知道白鹤扇之为用，春秋战国时期已有，至少魏晋人是这样认为的。

（二）汉宫内外多咏扇

汉代的扇子已发展到大量加工制作时期，不仅品种多，而且工艺也相当精致，人们对扇子的认识也有很大提高，已把它作为一种随身的装饰品。因此，扇子便成了一种贵重的礼物，可以用来赠人。《西京杂记》载："朱买臣为会稽太守，怀章绶还至舍亭，而国人未知也。所知钱勃，见其暴露，乃劳之曰：'得无罢乎？'遗与纨扇。买臣至郡，引为上客，寻迁掾史。"钱勃因为在会稽太守朱买臣怀绶匿迹私访时送了一把扇子，便得到青睐，先引为上客，后升为掾史，成为后世流传的一段佳话。

《西京杂记》还记载了一段赵飞燕的妹妹赵昭仪给赵飞燕送扇子的事，说：

> 赵飞燕为皇后，其女弟在昭阳殿遗飞燕书曰："今日嘉辰，贵姊懋膺洪册，谨上襚三十五条，以陈踊跃之心；金华紫轮帽，金华紫轮面衣……云母扇，孔雀扇，翠羽

扇，九华扇，五明扇，云母屏风，琉璃屏风，五层金博
山香炉，回风扇，椰叶席，同心梅……"

以上是赵昭仪送的礼物，大约时在赵飞燕被册封为皇后
前，其中扇类就有六种，都很珍奇名贵。

赵飞燕，成阳侯赵临之女，初学歌舞，以体轻号曰飞燕。
成帝悦之，召之入宫为婕妤。许后废，继之为后，与其妹赵
昭仪同受成帝宠幸，冠于后宫。赵飞燕似乎对扇子有一种特
殊的感情。她因成帝无嗣，而招收男宠，入后宫者日以十数，
与之淫通。这些轻薄少年，衣着艳丽，甚或为女子服，扇子
是其必备的显示风流仪态的饰物。其中有一个叫庆安世的，
年十五，"常著轻丝履，招风扇，紫绨袭，与后（飞燕）同居
处"。赵昭仪是随其姊入宫的，后来虽然得宠有加，娇媚不逊
飞燕，但在飞燕被册封为皇后之初，还羽翼未丰，不得不巴
结飞燕。她想必是看透了其姊的心绪，所以才送她如此多种
类的扇子的。

这里面有竹扇、羽扇，还有极少见的云母扇。从名称上
看，这些扇子未必都是可以用来扇风纳凉的，如云母扇、五
明扇，倒像掌扇之类。但最值得注意的还是那种回风扇，它
大约就是当时长安巧工丁绥所做的那种七轮扇，因为礼物中

"五层金博山香炉"、"七枝灯"之类都是丁缓的绝活。

向来诗、词、歌、赋并称,可见赋是古代文学中的重要文体之一。而赋作尽管历代都有,却特盛于汉代,可以说,"汉赋",就像人们常说的"唐诗"、"宋词"、"元曲"一样,是有汉两代文学的代表。因此,汉代文人墨客写下的咏扇之作,我们只在汉赋里就可见缩影。今据费振刚等辑校的《全汉赋》(北京大学出版社,1993),录咏扇之赋作如下,有的残阙或仅有存目,一一照录,用为资料参考。

傅毅《扇赋》:

> 北和暖于青春,践朱夏之赫戏。摇轻箑以致凉,爰自尊以暨卑。纤竹廓素,或规或矩。

按,傅毅(? —约 90 年),字武仲,茂陵(今属陕西)人。官兰台令史,后迁司马。原有集,已佚。

班固《竹扇赋》:

> 青春之竹形兆直,妙华长竿纷买翼。杳筱丛生于水泽,疾风时,纷纷萧飒。削为扇,成器,美托御君王,供时有度量,异好有圆方,来风辟暑致清凉。安体定神达消息,百王传之赖功力,寿考康宁累万亿。

按,班固(32—92 年),字孟坚,扶风(今属陕西)人。

官兰台令史，转迁为郎，典校秘书，为著名史学家、文学家。著有《汉书》。后人辑有《班兰台集》。

班固《白绮扇赋》，存目。

张衡《扇赋》：

> 兹竹以成扇，乃画象而造仪。惟规上而矩下，播采烂以杂施。

按，张衡（78—139 年），字子平，河南人。曾两度任掌管天文的太史令，天文学极有名，文学也卓有建树，《二京赋》、《归田赋》、《四愁诗》等颇有影响。原有集，佚，明人辑有《张河间集》。

蔡邕《团扇赋》：

> 载帛制扇，陈象应矩。轻彻妙好，其输如羽。动角扬徵，清风逐暑。春夏用事，秋冬潜处。

按，蔡邕（132—192 年），字伯喈，陈留（今属河南）人。曾为议郎、侍御史，官至左中郎将，后死于狱中。经史、音律、文学、书画均著名。有《蔡中郎集》。

徐干《团扇赋》：

> 惟合欢之奇扇，非伊洛之纤素。仰明月以取象，规圆体之仪度。

按，徐干（171—218年），字伟长，北海人，建安七子之一。性聪颖，执笔成词。轻官忽禄，不耽世荣。建安中，曹操特加旌命，以疾休息。除上艾长，又以疾不行。后为司空军谋祭酒掾属，五官将文学。著有《中论》二十余篇及文赋数十篇，曹丕谓其"辞义典雅，足传于后"。其五言诗也有上乘佳作。

在宫中，皇帝们离不开扇，后妃宫女们离不开扇，这是自不必说的。宫中人儿手中所离不开的扇子，自然也就成了文人们借以揣摸其主人们的心态的"道具"。我们仅举唐诗中的一例——

> 银烛秋光冷画屏，
>
> 轻罗小扇扑流萤。
>
> 天阶夜色凉如水，
>
> 坐看牵牛织女星。

这是唐代诗人杜牧的一首小诗，题为"秋夕"。杜牧（803—852年），字牧之，京兆万年（今西安）人，历任监察御史等，官终中书舍人，对宫廷生活甚为了解。他的这首小诗，就是写宫女生活的。诗写宫女身处深宫的凄寂，调子很有些"冷"、"凉"，但画面是极美的，因而这首诗才成为历代流传的名作。我们这里不是讨论如何欣赏这首诗，最感兴趣的，是这首诗中所写到的宫女们"轻罗小扇扑流萤"。题为"秋夕"，诗句中也写"银烛秋光冷画屏"、"天阶夜色凉如水"，那么，宫女们是无需扇子纳凉的，显然，她们用为"扑流萤"的"轻罗小扇"是一种随手携带的装饰品，就像现代的女士们人人随身携带一只玲珑的小包一样。而"楚王爱细腰，宫人多饿死"，宫女们喜欢随手携带小扇，当是皇帝也非常喜欢的。进而，宫中喜欢，民间仕女们自然也是喜欢的，不管由民间影响了宫中，还是由宫中影响了民间。无论如何，试想一下，大凡有条件、有"身份"的女士们人人随手携带着一柄轻罗小扇，小扇们自然又是五光十色的，她们就这样在大街小巷上走着，或成群结队或三三两两，莞尔笑着，迈着轻步，摆着腰肢，走着，走着，这一些走过了，那一些又走来——这不是很美、很动人的一道风景么？只是现在这风采已不太常见。

按，杜牧这首诗中的"轻罗小扇扑流萤"之句，给人留下的印象是难以磨灭的。宋代陈允平的《画堂春·携纨扇》一词，想必是承袭杜牧诗意的。全词如下：

鬓云斜插映山红，春重淡香融。

自携纨扇出帘栊，意欲扑飞虫。

蔷薇架下偏宜酒，纤纤手自引金钟。

倦歌伴醉倚东风，愁在落花中。

又别是一味儿。

（三）唐帝赐扇端午节

李世民是个书法爱好者，他的飞白书很有名。贞观年间，他曾亲笔书扇，于端午节期间赐给近臣，由此开端午节赠扇之先河。《唐会要》于此有载：

> 贞观十八年（644年）五月五日，太宗为飞白书，作鸾、凤、蝶、龙等字，笔势警绝，谓司徒长孙无忌、吏部尚书杨师道曰："五日旧俗，必用服玩相贺。今朕各赐君飞白扇二，庶动清风，以增美德。"

"庶动清风，以增美德"，审其义，与当年谢安赠扇袁宏以"扬仁风"一脉相承。而李世民赐扇时在端午节，尤为我们注意。《唐书·礼乐志》载，天宝时常以五月五日荐衣扇于诸陵。这就是说，端午节期间，扇子不仅被用来赐赠活着的人，而且还被用来追荐死者。联系到前世后世往往有将扇子用来陪葬者，我们更可见扇子在人们的生活中、在人们的心目中的分量和作用。复检陈元靓《岁时广记》卷二十一引《岁时杂记》"古端午词"云："纱帕子，玉环儿，孩儿画扇儿（端午佩戴之物）。"《云仙杂记》载："洛阳人家，端午以花丛楼阁插鬓，赠遗避瘟扇。"知端午节与扇子已在民间连为一体。

端午节赐、赠扇子，唐后各代皆然。《宋史·刘温叟传》载：

> 太宗在晋邸，闻其（刘温叟）清介，遣吏遗钱五百千……明年重午，又送角黍、执扇。

明人李诩《戒庵老人漫笔》卷二：

> 朝廷端午赐京官官扇。

《明世宗实录》：

> 十五年，五月端阳节，幸西苑，予命侯郭勋、大学士李时、尚书夏言侯于崇智殿，遣中官赉赐艾虎、花绦、百索、牙扇等物。

而明人朱国祯在《涌幢小品》卷一中，却为万历之先朝嘉靖、隆庆无赐扇之举而感到遗憾：

> 至先朝，银币笔墨节钱之赐绝响。端午节不见一扇。

认为此不正常。那么"正常"是什么？自是应年年端午朝廷赐遗扇物之事。

至清，则仅据大江南北各地方志所记，即知民间端午遗扇之风是多么盛行。今据手头资料随手举示数例（不按时间先后，不按地域分布）。

光绪元年（1875 年）《兴宁县志》：

> 端午……咸里多以蒲扇、角黍、鸡酒相馈遗。

同治八年（1869 年）《安仁县志》，同上。

同治六年（1867 年）《宁乡县志》：

> 端阳……咸邻以粽、扇、香枣、盐蛋相馈遗。

同治四年（1865 年）《房县志》：

> 端阳节……并葛巾、蒲扇、腌鸡鸭卵相馈遗。

同治（1862—1874 年）《崇阳县志》、《广济县志》，同上。

同治五年（1866 年）《来凤县志》：

> 五月（小端阳）……亦有赠香、赠扇者。

乾隆十九年（1754 年）《郧城县志》：

> 五月……父母以巾、扇等物送女家，谓之追节。

同治四年（1865 年）《郯县志》：

> 端午，亲党馈角黍、送扇。

乾隆十五年（1750 年）《顺德府志》：

> 五日端午……亲朋馈角黍、统扇之属。

道光六年（1826 年）《安岳县志》：

> 五日端午……并香囊、扇佩等物以馈亲友。

光绪元年（1875 年）《铜梁县志》：

> 五月五日……又以角黍及蒲葵扇相馈遗，曰送节。

乾隆四年（1739 年）《雅州府志》：

> 五月五日天中节，俗曰端午……并香囊、扇、砂雄枣馈遗亲友。

咸丰七年（1857 年）《琼山县志》：

> 五月端阳节，自五月一日至四日，各迎本境之龙于会，首家唱饮。先密作歌赋，以帕结之，悬龙座前，独露韵脚一字，俾会中人度韵凑歌。及中歌句者，按字多少，以钱、扇如数酬之。
>
> 按，明正德（1506—1522 年）年间刻《琼台志》与此同。
>
> ……

由于端午节与扇子的密不可分、上下所尚，端午期间扇市的出现，便是自然之事。下面只列两条较早的材料，以窥一斑。

《秦中岁时记》："端午前二日，东市谓之扇市，车马于是特盛。"（《岁时广记》引。又《陕西通志》引后句作"车马兴集"。)

《岁时广记》引《岁时杂记》："鼓扇百索市，在潘楼下、丽景门外、阊阖门外、朱雀门外、相国寺东廊外、睦亲广亲宅前皆卖此物。自五月初一日，高贵之家，多乘车萃买，以相馈遗……又造小扇子，皆青、黄、赤、白色，或绣或画，或镂金或合色，制亦不同。"

此乃市场促繁荣也。

节日以扇相馈遗，不只在端午节，其他有关节日亦然。唐《明皇杂录》载："于时方秋，帝命高力士持白羽扇以赐。"《辽史·礼志·岁时杂仪》载："夏至之日，俗谓之朝节，妇人进彩扇，以粉脂囊相赠遗。"

（四）御笔扇制今犹存

皇帝与宫廷与扇子，话头多得实在说不尽。今上海博物馆中所藏的一柄宋朝徽宗皇帝赵佶的草书团扇，则不可不提。宋徽宗是宋代有名的大书法家——自然，他的皇帝的身份，对他的书法的名声大噪所起的作用是不言而喻的，但无论如何，他的书法本身的确独树一帜：他的瘦书自成一家，他的草书有宋一代最为有名。他在那把团扇上草书的14个字"掠水燕翎寒自转，堕泥花ㅓ湿相重"，落墨挥洒自如，痛快淋漓，而又笔中含情，诗意饱满，与 14 字的内涵浑然一体，布置得非常巧妙，又不着刻意痕迹。正如孙过庭《书谱序》所形容的那样，"落落乎犹众星之列河汉"，大有举重若轻之感，可谓神来之笔。末署徽宗常用的花押，据说那是"天下第一人"五字的缩写。"天下第一人"，即表示他的"普天之下，唯我独尊"的皇帝身份，又表示他的书法技艺水平的天下无比——只有皇帝敢如此用法，是自然之事；别人若用，可就是不要脑袋了。

又，我国现存古代传世的最大的扇子，大概要算是北京故宫博物院所珍藏的明代宫廷大折扇了。这柄大折扇是 1949 年 10 月 13 日清点故宫财产时，在养心殿南库发现的。扇骨长 82 厘米，扇面纵长 59.5 厘米，横长 152 厘米，两边各有一根大骨，中间 13 根小骨，扇子折合起来，好像一根竹竿劈为两半，一边和着一半。两边的大骨上头略小，宽 0.8 厘米，方头，下头宽 1.4 厘米，圆底。所有露在外面的骨子，都用湘妃竹皮包镶着，就连 13 根小骨的两边也是如此，而且连竹节的细部也仿效精致。大扇的两面均为纸本设色人物面。一面画的是柳荫赏花，主人头戴乌纱帽，仆人正捧着一瓶花走向主人。画面雅致精细，清清楚楚，且具透明感。另一面画的是松下读书，也是一主一仆，用笔劲健古朴，并书有"宣德二年春日武英殿御笔"款。此外，两面扇面上均钤有"武英殿宝"朱文方印，又钤有"乾隆御览之宝"朱文椭圆形印，说明这把大扇是明宣宗皇帝宣德年间画的，清代乾隆皇帝也曾视为珍宝收藏过。

明宣宗，是明代第五个皇帝朱瞻基，生于1398年，卒于1435年，在位10年，只活了38岁。此扇面画于宣德二年，即他做皇帝的第二年，1427年，距今已有571年。朱瞻基喜欢绘画，擅长人物、山水、花鸟虫鱼。在他执政期间，明代宫廷绘画大有发展，与他的爱好兴趣、支持提倡有关。这柄大折扇的发现，对研究中国扇子艺术史包括工艺史，研究中国绘画史，研究朱瞻基的书画作品，都是不可多得的实物资料。这柄大折扇，在当时的条件下，其制作之精心，工艺水平之高，都是我们今人难以想象得到的。而如此大的扇子，宣宗皇帝本人是难以挥动的，由宦官侍从合力替皇帝、后妃挥动以取风纳凉，也似不大可能，至少不能经常用之，否则容易损坏，很可能只是用来作为摆设、欣赏的。清乾隆皇帝钤印"御览"，也可说明这一点。

值得一提的是，这位宣宗皇帝对扇子艺术"情有独钟"，他不仅亲笔绘制了这柄前无古人的大折扇，为中国扇子艺术史留下了千古绝唱，而且其诗文中也有咏扇之作，大有帝王之气，非平常人所及。其《咏撒扇》诗云：

> 湘浦烟霞交翠，剡溪花雨生香。
>
> 扫却人间炎暑，招回天上清凉。

明李诩《戒庵老人漫笔》引述此诗后评曰："真帝王之诗也。"

如前所及，扇子艺术因其巨大的魅力和丰厚的文化功能，与宫廷帝王结下了不解之缘。《扇子趣话》收有一则《康熙题扇》的传说，就表现了宫廷和民间对此的认同。兹引录之——

话说康熙五十七年（1718 年），已经 70 岁的康熙又来到了翰林院。翰林院是他平日最欢喜走动的地方，这地方以前是各种文艺技术内廷供奉之处，到清代，则主要掌管编修国史，记载皇帝言行、起居、进讲经史以及草拟有关典礼文件等事。其长官为掌院学士，以大臣充任；所属职官如侍读学士、侍讲学士、侍读、侍讲、修撰、编修、检讨和庶吉士等，统称翰林。康熙每来这里，除了视察以外，主要是同这些翰林们探讨学问，"上陈道德，下达民隐"。

这一天，正值盛夏，天气闷热。康熙午睡醒来，也没带太监随从，摇着一把象牙柄白绢折扇，独自一人蹒蹒跚跚出了养心殿，顺着紫禁城便道，来到翰林院。

这一年，整整 70 岁的康熙不知是国事繁忙过于伤神，还是年老体衰了，竟患了一种浮肿病，两只脚肿得老高，行走十分困难，从寝宫到翰林院，本来不远的一段路，竟整整走了半个时辰，加上天气热，走到翰林院，已经气喘吁吁，大汗淋漓了。

一进翰林院的大厅，顿时凉风扑面，闷热一下减少了许多。再看看四下里陈设的古玩字画，更是赏心悦目，精神陡增，刚才走路时的疲劳和炎热也消失得干干净净了。

康熙一边走一边观赏玩味，顺手将那把白绢折扇放在桌子上，走进内屋。

说来也巧，正在这时，一个名叫王鸿绪的编修从外面进来。他四十多岁的样子，是不久前才来翰林院供职的。此人喜欢舞文弄墨，平日自负清高，谁也不放在眼中。今天，他一进门，一眼就看见桌上的那柄白绢折扇，打开一看，扇面光洁，并无字画，便连声叹道："可惜，可惜，这么好的扇面怎么没有书画增辉呢？"说罢，眉头一皱，我何不用自己擅长的行书在扇面上题一首诗呢？于是，王翰林找来笔墨，摇头晃脑做起诗来。谁知，整整半天，想不出个佳句，无奈，索性挥笔将唐代王之涣的《凉州词》"黄河远上白云间，一片孤城万仞山。羌笛何须怨杨柳，春风不度玉门关"题在上面。不知是写得匆忙，还是记得不牢，竟将原诗第一句的"间"字漏写了。

就在此刻，康熙转回大厅找寻折扇，抬头看见一位学士正摇头晃脑在一柄扇子写着什么，仔细一看，认得是自己的原物，便轻手轻脚走上前来，要看个究竟。

王翰林听得背后有人，以为是同僚，递过扇子，正想卖弄一番。一回头，发现背后站的竟是当今皇上，一时说不出话来。

康熙接过扇子，不看则可，一看则哭笑不得，堂堂翰林编修，竟将人人熟悉的《凉州词》丢了一个字，岂不让人笑掉大牙。于是，康熙正色说道："书法很好，只是不该将原诗中的'间'字漏写。"王翰林一看，果真如此，又惊又慌，添上吧，有损章法，不添吧，不成句子。他实在不愿在皇帝面前丢人现眼，灵机一动，忙躬身启禀道："陛下，我不是录的王之涣的《凉州词》，是卑职学写的一首长短句。"遂读曰：

"黄河远上，白云一片，孤城万仞山。羌笛何须怨，杨柳春风，不度玉门关。"

康熙听罢，十分恼怒，明明是笔误，却还要巧言辩解，如此轻狂，真个是胆大包天，联想到老一辈翰林谦恭之态，不禁一阵惆怅。想当初，自己亲政不久，就重整翰林院，着实选拔封赐了像熊赐履、汤斌等一批满腹经纶、文采出众的人才，这些人，不光有学问，而且个个老成持重，谦恭忠心。想不到，老人们几年之中都相继去世，实在让人痛心疾首。眼前的这位，年纪不算大，倒如此轻狂，胆大妄为，实在应教训他一番。

正要开口，突然脑袋一阵阵发晕，"廉颇老矣"的思绪猛然袭上心头。他转念想到：生老病死本是自然规律，新老替代也是势之必然。看样子，眼前这位翰林，反应机敏，脑袋倒还聪明，煞煞他的轻狂傲气就行了，何必苛求重责呢？

想到这里，康熙转怒为喜，微微一笑，要来笔墨，低吟片刻，在折扇上写下这样的一首诗：

> 旧日讲筵剩几人，
>
> 徒伤老朽并君臣。
>
> 平生壮志衰如许，

诸事灰心赖逼真。

求简逡巡多恍惚，

遇烦留滞累精神。

年来词赋荒疏久，

觅句深渐笔有尘。

写罢搁笔，将折扇赐给了王翰林。

此诗明为叹岁月不居，伤形骸日颓，暗含教谕、劝责之情，在当时士大夫中间广为流传。

（五）秀才得贵一扇缘

明代冯梦龙的《古今小说》中载有这样一篇故事：宋仁宗时，有赵旭者赴京赶考，考上了头名状元。考官将考卷呈皇帝御览，仁宗皇帝竟发现了一个错字，由此改变了赵旭的命运。他召见赵旭，指出其错在何处，然后把他打发出来，让他再好生读书去。赵旭慌得没敢看皇上一眼，退出金銮大殿。及至张榜，赵旭去看，果然名落孙山。赵旭羞于回归故里，自此流落东京，待三年后再次赴试。但日子久了，盘缠全无，只好每日上街，以给人家写字卖文为生，后来看看仍不能糊口，又去茶坊酒店中吹笛，混口饭吃。

　　光阴似箭，不觉一年有余。有一天，仁宗皇帝忽然做了一个奇怪的梦，梦到一个金甲神人，坐一辆大车，上面载着九轮红日，一直把车赶到内廷里来。仁宗醒后急找专管天文、历数、灾祥的司天台苗太监占了一课。苗太监奏说："此'九日'者，乃是个'旭'字，想必是个人名。"仁宗说："若是人名，朕如何得见？"苗太监占后又奏："皇上要见此人，只在今日。皇上只需与臣下扮作白衣秀士，私行街市，方可访得。"仁宗依奏，卸龙衣，解玉带，扮作白衣秀才，与苗太监打扮得一样，出了宫门，来到街巷阶陌之中，悄悄察访。走了半天，忽见一座酒楼，好不轩昂，便上楼饮酒。时值暑天炎热，仁宗手执一把月样白梨玉柄扇，倚着栏杆看街，不觉失手，扇子坠落楼下，急忙下楼去捡，但已经不见了。苗太监又占一课，说："不必着急，此扇也只在今日就可失而复得。"

　　二人饮酒毕，行到状元坊，见到一茶馆，又上茶馆吃茶。刚坐定，忽见白壁上书一首词，字体精妙，句语清佳，后署"四川成都秀才赵旭作"。仁宗忽然忆起上年科试之事，惊道："莫非此人就是那个赵旭？"因问茶馆小二，小二便将赵旭落第后羞归故里，流落在此，以卖文、吹笛为生，等候下科开选一番话说来。仁宗暗道:"是了,就是那个赵旭。想不到因一字之差,使他弄到今天这个地步。"便对小二说:"你去寻他来吧,我想求他文章。你要是把他给我找来,我定会赏你。"小二应声去了,可找了半天,没见到赵旭的影儿。小二叹道:"这个穷秀才,真没有福气。这两位来吃茶的官人要讨他文章,定会重重赏他,可他竟没这个福分!"再寻也不得,只好回茶馆复命。仁宗说:"我们先喝着茶,等一会儿你再去寻。"过了一会儿,小二再去寻,还是没有寻见。仁宗闻奏,只好和苗太监起身,刚要离开茶馆,忽被小二叫住:"二位官人莫走,那赵秀才来了。"顺小二手指的方向一看,只见一个穿着蓝衫的年轻人从街上走过。仁宗立即让小二把他请到茶馆里来。那赵旭听说有二位官人在茶馆等他多时,慌忙进来拜见,三人坐定吃茶说话。这赵旭只三年前进宫拜见过仁宗一面,当时慌乱中只顾垂首叩拜、听命,哪敢抬头好好看皇上一眼?如今仁宗微服私访,赵旭意想不到,自然也就认不出仁宗来了。仁宗问道:"这壁上书写的文词,可是秀才的手笔?"赵旭谦谨地说:"这是学生不才,信口胡诌的,见笑见笑了。"仁宗故意问他:"你是四川成都人,为何流落京师?"赵旭说:"因上科应考下第,羞归故里。"说着,从袖中取出一扇——此扇正是仁宗在酒楼中失手遗落的那把月样白梨玉柄扇，只是那扇上多了一首诗。赵旭将扇子打开，让仁宗看那首诗，说："这是学生方才去一位官家作松诗，起笔书于扇上；言志之作，敬请斧教。"仁宗接过扇子看那首诗，诗曰：

> 屈曲交枝劲色苍，困龙未际土中藏；
>
> 他时若得风云会，必作擎天白玉梁。

仁宗不由嗟叹良久。苗太监问赵旭："此扇从何而得？"赵旭说："学生原从一酒楼下走过，这把扇子忽然从楼上坠下，正巧插入学生的破蓝衫袖上。因忙于去人家作此松诗，尚未来得及查问失主。"苗太监笑了，说："此扇原是这位赵大官人的，因饮酒时不慎，将扇遗落楼下。"赵旭闻说，忙将扇子递呈仁宗，道："想不到这么巧。既是赵大官人的，即当奉还。"仁宗甚喜，接过扇子，又故意问道："上科为何不第？"赵旭答道："学生本来三场文字俱成，不想圣天子御览，发现了一个错字，因此未第。"仁宗说："看来当今天子不明。"赵旭说："不，当今天子至明。一个'唯'字，学生写为'厶'旁，皇上高明，指出应是'口'旁。学生奏说皆可通用。皇上御书几字：吉去、吴矣、吕台，问学生可否通用？学生无言以对。此是学生考究不精，咎由自取。"仁宗听了，暗暗嗟叹再三。

说："赵秀才既然故里是西川，可认得西川王制置么？"赵旭说："学生认得王制置，王制置不认得学生。"仁宗说："他是我的外甥，我今给他写封信，让他认识认识你，如何？"赵旭听了，倒身便拜。说："若得二位官人提携，实乃学生二生有幸，当永不忘恩。"苗太监说："秀才既有缘得遇赵大官人抬举，何不作诗谢之？"赵旭乃作诗一首，曰：

> 白玉隐于顽石里，黄金埋入污泥中。
>
> 今朝遇贵相提掇，如立天梯上九重。

观其诗，知这赵旭已觉得平步青云，直上九天了。仁宗也回诗一首，曰：

> 一字争差因失第，京师流落误佳期。
>
> 与君一束投西蜀，胜似山呼拜凤墀。

苗太监也赠诗一首，曰：

> 旭临帝阙应天文，本得名魁一字浑。
>
> 今日束投王制置，锦衣光耀赵家门。

赵旭拜谢不已。苗太监嘱赵旭说："秀才可回住处收拾准备，明日一早，我便催促这位赵大官人将信写好，并同路费一并送来，送你起程。"赵旭忙说："二位大官人府邸在何处？我自己随你们去取好了，何敢劳驾送来。"苗太监说："我等第宅离这里太远，不劳秀才去了，明晨我将书信与盘缠送来便是。"赵旭再三拜谢，三人作别而去。

明日一早，苗太监仍打扮作白衣秀士，果然来到赵旭住处，还带了一个当差，提了一个箱子。赵旭出店迎接，相见礼毕。苗太监说："赵大官人文书已写好，付白银五十两作为你的路费，并委此当差送你起程。"

那当差带了赵旭上路，饥餐渴饮，夜伏晓行，来到了成都府。只见众官在府城门外迎接，赵旭感到奇怪，一问，知是迎接新制置的。赵旭听了大惊。自叹道："我真是命苦。好不容易在京遇到个赵大官人举荐，让我来投王制置，这王制置却又离任，此地换了新制置了，这叫我如何是好？"那当差却不理会，走上前对众官说："你们都站在这里做什么，怎么还不赶快迎接新制置？"众官说："新制置在哪里？怎么不见新制置来？"当差说："我领来的这秀才，就是新制置！"众官闻说大惊。赵旭听了，更是吃惊不小。只见那当差打开提来的箱子，取出圣旨宣读一遍，又取出紫袍金带给赵旭换了。赵旭这才明白那日所遇竟是仁宗皇帝，于是慌忙倒地叩首领旨谢恩，众官也一齐叩拜。后来赵旭作诗一首，曰：

> 功名着意本抡魁，一字争差不得归。

自恨禹门风浪急，谁知平地一声雷。

把个文人感遇、一朝发迹的心态活画了出来。

清代褚人获《坚瓠辛集》还载：宋代蜀人许志仁赴临安求官，住了好几年也未找到一职半位。每当见到士大夫，他总是彬彬有礼，鞠躬相揖。人们见他穷途落魄，不忍不管，多少接济他一点。有一天晚上，孝宗皇帝与一大臣微服私访，来到一小店吃饭。许志仁正在店中，向孝宗躬揖甚勤。孝宗想："这个人何故如此。"遂故意遗落一把扇子给许志仁。许志仁捡了扇子，立即赶上来奉还。孝宗问他："你是何人？何故流落在此？"许志仁如实答来。孝宗又问他生辰日时，竟和孝宗皇帝自己的一样。孝宗回宫后，即以许志仁的生辰日时找星翁推算。星翁说："这是陛下的命。"孝宗说："不，这是一个姓许的蜀中人的命。"星翁说："既如此，那蜀中人眼下就要腾达显贵了。"此与孝宗心意正合，遂御笔授许志仁阆州太守，并付黄金二十两。许志仁谢恩赴任，大感其遇。

这些故事都说是宋代皇帝的事，或许确为历史真实，或许是明清人的演义，但皇帝微服私访却是常有的事，私访时手执扇子，反映出古代至少是宋元明清时期闲官文士的风雅之举。

三、民间的妙用

（一）孝子扇枕事双亲

过去私塾启蒙课本《三字经》中有言："香九龄，能温席；融四岁，能让梨。"说的是古代儿童孝悌的事。前一句说的就是汉代的孝子黄香，他的孝行是冬天为慈亲温席，夏天为慈亲扇枕。扇子在这里又充当了行孝的工具，"黄香扇"还成了事亲至孝的典故。

据《东观汉记·黄香传》记载：

> 黄香，字文强，江夏安陆人也。父况，举孝廉，为郡五官掾。贫无奴仆，香躬执勤苦，尽心供养。冬无被裤，而亲极滋味，暑即扇床枕，寒即以身温席。年九岁失母，慕思憔悴，殆不免丧，乡人称其至孝。

《二十四孝》中的《扇枕温衾》说的就是这个故事。后来他书念得不错，做了官，汉和帝时官至尚书令。鲁迅先生对二十四孝故事持批评态度，他说他看了"郭巨埋儿"的故事，就不敢做孝子了，而且也怕他的父亲做起孝子来，因为那样的话，他就会被父亲埋掉的。但他也认为有可取的，说："其中自然也有可以勉力仿效的，如'子路负米'、'黄香扇枕'之类"（《朝花夕拾·二十四孝图》）。

后世确也多有仿效者。《魏书·孝感传序》曾有这样的概括："至于温床扇席，灌树负土，时或加人，咸为度俗。"庾信就被人认为是"烝烝色养，勤同扇席"的。《晋书·王延传》说："延事亲色养，夏则扇枕席，冬则以身温被。"类同黄香。《陈书·沈炯传》还说，沈炯年将六十，依然"温枕扇席，无复成童"。这些都给扇子文化增加了不少佳话。

在历代诗词作品中，黄香扇枕也经常被用作典故，来比喻孝养双亲。唐代诗人王维有"同怀扇枕恋"，张说有"天从扇枕愿"，岑参有"手把黄香扇"，宋代诗人苏轼有"不劳挥扇自宁亲"和"扇枕郎君烦阿香"，黄庭坚有"事亲温席扇枕凉"等句，都渗透着扇子与人伦文化的内涵。

（二）婚姻大礼须执扇

魏晋南北朝风俗，女子出嫁时要手执一柄纨扇或者花扇遮掩脸面，新郎家还要为新娘举行"却扇"（或曰"去扇"）的仪式。在古代，人生大事莫过于两大件，头一件就是"洞房花烛夜"，另一件是"金榜题名时"（当然这是对于男人来说，古代自母系社会解体，一直就是以男人为中心的社会）。扇子又和婚姻这一人生头等大事紧密联系在了一起，更足以说明了扇子文化在中国文化中的地位和在中国社会生活中的作用。

据今见文献资料，临川王刘义庆《世说新语》记东晋大臣温峤续娶刘氏女时说："既婚交礼，女以手披纱扇，抚掌大笑曰：'我固疑是老奴，果如所卜。'"是为晋代婚俗已有新娘执扇之证。梁人何逊《看伏郎新婚》诗云："何如花烛夜，轻扇掩红妆。"陈人周弘正《看新婚》诗云："暂却轻纨扇，倾城判不赊。"是为南北朝时期婚俗有却扇之证。这婚礼执扇风俗的来源，明人徐矩明《事物原始》认为："晋王珉与嫂婢通，嫂知挞之。珉好持白团扇，婢制《白团扇歌》赠珉云：'团扇复团扇，许持自障面，憔悴无复理，羞与郎相见。'今女子新婚用罗扇遮面，乃其遗事。"起源似乎就在晋代。而《独异志》早就把它远溯到女娲兄妹结婚，说："其妹即来就兄，乃结草为扇，以障其面。今时人取妇执扇，象其事也。"只是不可视为信史罢了。

从晋代到唐代，却扇的风俗得到了广泛的普及，朝野上下无不流行。唐玄宗时曾引起朝臣的重视，有人提出非议，有人建议正式纳入礼制，最后还是以遏止不住的礼俗继承下来，连皇帝老子也只好从俗。景龙年间，唐中宗出嫁睿宗之女荆山公主时，特敕近臣及修文馆学士"皆作却扇诗"（据《言鲭》引述）。

唐人封演《封氏闻见记》中说："近代婚嫁，有障车、下婿、却扇及观花烛之事，又有卜地、安帐并拜堂之礼。"在唐代的诗作中，这种以扇子为载体的婚俗也有所反映。唐初诗人杨师道的《初宵看婚》诗有"隐扇羞应惯，含情愁已多"之句；唐末诗人黄滔的《去扇》诗有"已知秦女升仙态，休把圆轻隔牡丹"之句，可见一斑。

敦煌唐五代壁画、遗书也为我们留下了宝贵的史料。莫高窟壁画《婚礼图》中有执扇的画面，好像是却扇后的情景。敦煌遗书中还著录着婚礼中遮扇、却扇的仪式和仪式歌。P. 3248（法国人伯希和携去法国巴黎的敦煌卷子编号，为

P. ×××；英国人斯坦因携去英国伦敦的敦煌卷子编号，写为 S. ×××）《婚事程式》记录："撒帐了，即以扇及行障遮女在堂中。"又，合卺后，"男东坐，女西坐。女以花扇遮面。"凡遮扇就有却扇礼仪，礼仪中伴有礼仪歌，称"却扇诗"，或称"去扇诗"。P. 3252去扇诗云：

> 闺里红颜如莲花，朝来行里降人家。
>
> 自有云衣五色映，不须罗扇百重遮。

P. 3350《下女夫词》去扇诗云：

> 青春今夜正方新，红叶开时一朵花。
>
> 分明宝树人人看，何劳玉扇更来遮。

又：

> 千重罗扇不须遮，百美多娇见不奢。
>
> 侍娘不用相爱勒，终归不免属他家。

按，敦煌莫高窟发现这篇唐五代人写的《下女词》，共有7个抄本（P. 3350、S. 3877、S. 5949、S. 5515、P. 3893、P. 3909、P. 2976），其中两个抄本题作《下女夫词》（S. 3877、S. 5949）。"下女"，即"嫁女"；"下女夫"，即"结婚"之意；"下女（夫）词"，即结婚仪式所用之词。《下女（夫）词》全篇列有"儿家初发言"、"女答"、"儿答"等迎娶"抢亲"中的

"发难"与对答、"上酒"、"请下马诗"、"请下床"、"论女家大门词"、"至中门咏"、"至堂基诗"、"至堂门咏"、"论开撒帐合诗"、"去童男童女夫行座幛诗"、"去扇诗"、"咏同牢盘"、"去帽诗"、"去花诗"、"脱衣诗"、"合发诗"、"疏（梳）发诗"、"系指头诗"、"咏下帘诗"等，而"去扇"即"却扇"，却显得尤为重要。后世的人们，甚至将"却扇"当成了"结婚"、"婚礼"的代名词。清人俞樾在《左台仙馆笔记》中说到永平的婚俗时，就有"王姓嫁女于李氏，却扇之夕，李以新妇貌凶嫌之"之记，可知。

一把扇子，在中国婚俗文化史上所扮演的角色是何等的出众哟。

（三）蒲扇入药治热病

蒲扇可以入药治病，听起来似乎是个怪事，其实在《本草拾遗》里写得明明白白，它可以用来医治盗汗、中暑和某些妇科崩漏等症。这可以说是扇子文化在唐代出现的一个新现象。

明人李时珍《本草纲目·蒲扇》条引陈藏器《本草拾遗》：

> 败蒲扇灰和粉，粉身止汗，弥败者佳。新造屋柱下四隅埋之，蚊永不入。

陈藏器，唐玄宗开元年间人，曾作过三原县尉，著有《本草拾遗》。书中多收前人未载之药物，蒲扇是其中之一。把破蒲扇收入药书是件新鲜事，许多人不理解，讥诮他"僻怪"，李时珍却对此给予高度评价，说："其所著述，博极群书，精核物类，订绳谬误，搜罗幽隐，自'本草'以来，一人而已……仰天皮、灯花、败扇之类，皆万家所用者，若非此书收载，何从稽考。"破蒲扇烧灰可以治病，大约是来自民间的验方，所以不为一般医药学家重视，只有那些有识之士才注意到它。李时珍在《本草纲目》中对陈藏器的"搜罗幽隐"作了进一步补充，说："（蒲扇）烧灰，酒服一钱，止盗汗，及妇人血崩，月水不断。"粉身之外，还可以口服，止汗之外，又可以治疗妇科疾病，显然这是对蒲扇的药用价值认识的发展。明末清初人屈大均在《广东新语》中又有新的说法：

> 蒲扇风最美，胜于他扇。患热中暑者，以蒲葵扇烧灰，调水饮之，立解。

这似乎是外行人见识，其实与前者的认识也有一脉相承的地方，都是源于扇子能扇风纳凉的"道理"，所以才说它的灰能止汗、消暑。所谓"弥败者佳"，是说蒲扇越破，表明用的时间越长，扇的风越多，药力也就越大。为什么用蒲扇，而不用其他的扇子？屈大均说明了原因："蒲葵风最美，胜于他扇。"这大约是一种民间俗信。

至于破蒲扇埋在屋柱下能避蚊虫，大约也是一种民间俗信，它的来源大概与扇子的挥洒可以驱赶蚊蝇有关罢。

蒲扇入药驱病，是否真的灵验？这就要问临床大夫了。但无论如何，心理作用总是会有的，"信则灵"嘛。

（四）扇谜扇联妙趣生

> 有风不动无风动，
>
> 不动无风动有风；
>
> 等到梧桐落叶时，
>
> 主人关我进冷宫。

这一谜语的谜面，实在耐人寻味。我们这里谈扇子文化，读者自然猜到谜底是扇子；可是平日里看到或听到有人出了这一谜语，你还真不一定能猜到它。猜它既不太难，又不太易，可谓难易适中；它既是一首好诗，又富有深刻的哲理，若是哲学家来阐述这一哲理，恐怕只四句是说不明白的，要写一大篇文章才是。我国劳动人民就是这样，以精炼准确而又形象鲜明、生动的语言，创造了一则则脍炙人口的扇谜佳作。再看：

> 此物生来合又张，
>
> 五指山上把脚放。
>
> 寒冬腊月去睡觉，
>
> 六月三伏脸前晃。

这一谜面将折扇的能合能张的特点先予以点出，然后以"五指山"作喻，说出折扇是拿在手上的，最后点其使用的季节，"去睡觉"、"脸前晃"形象生动、贴切，饶有趣味。

再看：

> 打开半个月亮，
>
> 收起兜里可装。
>
> 打开时满头是汗，
>
> 收起时浑身发凉。

"半个月亮"，比喻很形象、又很美。后两句看似让人感到莫名其妙，细细一想，又恍然大悟，妙趣横生。

还有：

> 有朵花儿夏天开，
>
> 半截是纸半截柴；
>
> 有风它就睡大觉，

　　　　　　　　无风它就手里栽。

也很让人玩味。至于将其拟人化的谜面：

　　　　　　　　姑娘长得瘦又长，

　　　　　　　　裙子一摆天就凉；

　　　　　　　　天不凉时人人爱，

　　　　　　　　天一凉了人人忘。

这哪只是一把扇子？社会人情炎凉，也尽赋予其中了。

　　又，古时大凡开扇铺的，往往店前挂着这样一副对联：

　　　　　　　　羲之五字增声价，

　　　　　　诸葛三军仗指挥

　　上联所含的是晋代大书法家王羲之为卖扇老妪书扇，使老妪的扇子身价大增，变得生意兴隆的故事；下联所含的是三国蜀相诸葛亮手执羽毛扇指挥三军，与司马懿大战于渭河之滨，从容获胜的故事。王羲之与诸葛亮，一个是大艺术家，一个是机谋智慧的化身，都是大名人，开扇铺的以此对联表白自己的扇子行当，招徕顾客，这与旧时理发店常以"磨砥以须，问天下头颅几许？及锋而试，看老夫手段如何"，医家常用对联为"悬壶市药，铸镜鉴邪"，屠户常用对联为"双手劈开生死路，一刀割断是非根"等一样，都是旧时行业风俗，都有以所本

"来历"，标榜自己是"祖传世家"、"老字号"之意。

（五）八股大扇说书人

说书艺人说书，手里往往离不开一把扇子，而且是八股大扇。何也？据说这和乾隆皇帝下江南微服私访有关。传说乾隆下江南后，有一次打扮成一个算卦先生，以访民情。他遇到了一个说书人，称说书人"先生"，说书人受敬心喜，就把他所知道的都说给乾隆听。乾隆一时高兴，随手把平时用的一把折扇赠给了说书人。说书人急着赶场，接了扇子就赶路，没有打开来看。赶到书场后开说，说得热了，就打开扇子来用，这才发现扇子上有乾隆御印。说书人如获至宝，用这把扇子收钱，收入特多，扇子上盛不了。以后他就改做成一把八股大扇，说书时既当道具，又可收钱，说书的同行们见了，也都模仿开来，自此成为说书业的习俗。

扇子，无论羽扇、团扇还是折扇，经常用作歌舞、戏剧的道具。唐代的歌扇、舞扇，宋代杂剧人的蒲扇，以及后来戏曲舞台上的各种扇子，比比皆是。对刻画人物，制造气氛等，有极大的艺术作用。有些节目的名称，也用扇子，如《桃花扇》、《落金扇》、《扇舞》等。可见扇文化艺术化的一斑。

四、情志的寄托

（一）班婕妤寄情合欢扇

扇子原本是实用的物件，后来却成为托物寄情的一种文化载体，这在扇子文化史上，大约是从班婕妤的《怨歌行》歌咏合欢扇开始的。

班婕妤（约公元前48—约前6年），西汉女文学家。名不详，楼烦（今山西宁武）人，班况之女，班固的祖姑。她少有才学，美而能文，善写诗作赋，成帝时被选入宫，始为少使，后立为婕妤。不久因赵飞燕得宠而遭谗，惧祸自求供养太后，入长信宫侍奉。传世作品有《自悼赋》、《捣素赋》和《怨歌行》（又名《团扇歌》），抒写宫中苦闷之情，词极哀婉。班婕妤为人"贤才通辩"，晋代人傅玄在《班婕妤画赞》中曾作过这样的概括："斌斌婕妤，履正修文。进辞同辇，以礼匡君。纳侍显德，谠对解纷。退身避害，志邈浮云。"其中用"帝游后庭，欲与同辇，婕妤辞"，"帝稍隆内宠，婕妤进侍者李平"，"飞燕谗班婕妤祝诅"，婕妤善言巧辩等事来赞颂她的品德。《怨歌行》（《团扇歌》），就是她在"退身避害，志邈浮云"时创作的。诗虽不见《汉书》本传，但《玉台新咏》有序曰："昔汉成帝班婕妤失宠，供养于长信宫，仍作赋自伤，并为怨诗一首。"诗曰：

> 新裂齐纨素，皎洁如霜雪。
>
> 裁为合欢扇，团团似明月。
>
> 出入君怀袖，动摇微风发。
>
> 常恐秋节至，凉飚夺炎热。
>
> 弃捐箧笥中，恩情中道绝。

这首诗以秋扇见捐喻终遭遗弃的妇女的命运，与班婕妤的身世相吻合，故而由三国入西晋的文学家陆机在《班婕妤》一诗中说她"寄情在玉阶，托意唯团扇"。

从这首诗中我们可以知道，西汉是纨扇盛行的时代，史籍所谓"汉宫纨扇"，乃不虚之辞。班婕妤的扇子是用素白的齐纨做成的团扇，名为"合欢扇"。合欢，是一种对称的图案，含有男女恋情的寓意。南北朝民歌中多有把情人称"欢"者，像"感欢初殷勤"、"欢今果不齐"、"欢从何处来"、"怜欢妇情怀"之类即是。像《子夜四时歌·夏歌》中有"含桃已中食，郎赠合欢扇。深感同心意，兰室期相见。"明冯鼎位《子夜四时歌》也有"乘凉见明月，似郎合欢扇"，可见"合欢扇"被用来作为男女恋情中的赠物、信物，由来久矣。

由班婕妤的《怨歌行》或曰《团扇歌》所引发的后世文人或生发感叹或借题发挥的诗词歌赋，可以说是无穷无尽。现仅举魏晋至唐例句，以示其貌。

晋陆机《班婕妤》：寄情在玉阶，托意唯团扇。

梁元帝《班婕妤》：谁知同辇爱，遂作裂纨诗。

梁刘孝绰《班婕妤》：妾身似秋扇，君恩绝履綦。

梁阴铿《班婕妤》：可惜逢秋扇，何用合欢名。

唐皇甫冉《班婕妤》：由来咏团扇，今与值秋风。

唐翁绶《班婕妤》：繁华事逐东流水，团扇悲歌万古愁。

唐刘氏云《班婕妤》：君恩不可见，妾岂如秋扇。秋扇尚有时，妾身永微贱。

唐李白《班婕妤》：谁怜团扇妾，独坐怨秋风。

他如江总之"团扇箧中言不分，纤腰掌上讵胜愁"，虞世南之"谁言掩扇歌，翻作白头吟"，徐贤妃之"守分辞方辇，含情泣团扇"等作，则径题《怨诗》、《怨歌行》、《长门怨》，以"怨"名之，悲夫。也有的作品则表示了不平之意和决绝之情，如梁王僧孺《为姬人怨诗》云："还君与妾扇，归妾与君裘。"让人读后可舒一怨之气，可喜。

（二）子夜歌里扇子叹

南北朝民歌中有一种"子夜歌"，据说原是一名叫"子夜"的女子所歌。后世多有仿效者。子夜歌为情歌之类，男欢女爱是其主要题材内容。其中有"子夜四时歌"，分春夏秋冬四季歌咏，而"夏歌"中多以扇叹情，为扇子文化提供了不少珍贵资料。

下录三首。

其　一

含桃已中食，郎赠合欢扇。

深感同心意，兰室期相见。

其　二

叠扇放床上，企想远风来。

轻袖拂华妆，窈窕登高台。

其　三

赫赫盛阳月，无依不握扇。

窈窕玉台女，冶游戏凉殿。

（三）扇障尘埃明心志

在古代，人们常用"扇障尘埃"、"扇遮王导"、"扇隔元规"等典故相同的成语，来比喻抗拒权势，不沾俗鄙。典故说的是东晋大臣王导和庾亮之间轻诋的事，与扇子的应用有很大关系，它使挥扇障尘的行为又增加了一层文化内涵，平添了一段文人雅趣。

据《晋书·王导传》载：

> 时亮虽居外镇，而执朝廷之权，既据上流，拥强兵，趣向者多归之。导内不能平，尝遇西风尘起，举扇自蔽，徐曰："元规尘污人。"

此又见《世说新语·轻诋》，事略同：

> 庾公权重，足倾王公。庾在石头，王在冶城。值大风扬尘，王以扇拂尘，曰："元规尘污人。"

王导（276—339年），东晋大臣，字茂弘，琅玡临沂人。少有风鉴，识量清远。依琅玡王司马睿任安东司马，又出谋

划策，联合南北方士族拥立司马睿为帝，建立东晋政权。出
将入相，官居宰辅，总揽元、明、成三朝国政，时有"王与
马，共天下"之说。后以司徒进太保，党亲联体，势终不衰。
庾亮（289—340年），亦东晋大臣，字元规，颍川鄢陵人。妹
为明帝皇后。曾参与讨平王敦之乱，为明帝所亲信。初拜科
中书郎侍讲东宫，累迁中书监加左卫将军。后受遗诏与王导
共同辅佐成帝，任中书令，执掌朝政。历任平西将军、豫州
刺史领江荆豫三州刺史等职，出镇武昌。魏晋时人以后世所
谓"魏晋风度"相赏，"王导挥扇断尘污"，视权贵、势利为
"尘污"、"尘污人"，以"挥扇"示不与之同日而语，其亮节自
然成为当时并后世美谈。

（四）扇子寓意扬仁风

《续晋阳秋》载："谢安赏袁宏机对辩速，后宏出为东阳
郡，时贤阻道治亭。安起执宏手，顾左右，取一扇授云：'聊
以赠行。'宏应声答曰：'辄当奉扬仁风，慰彼黎庶。'合座称
其率而当。"

谢安（320—385年），字安石，前已介绍。东晋有名的政
治家，孝武帝时官至宰相。袁宏（328—376年），字彦伯，小

字虎，与谢安同乡。谢安年四十余始出仕，而赠扇袁宏之时，既记云"时贤阻道治亭"，称"时贤"，则其尚未出仕，至迟在公元 360 年左右。这袁宏一句"辄当奉扬仁风，慰彼黎庶"，竟使"扬仁风"成了扇子的代名词。可见扇子一物虽不起眼，负载着多少中国政治、思想、文化的蕴涵！想必谢安、袁宏怎么也不会料到，直到一千多年以后清朝改建颐和园时，竟在其中以"扬仁风"为名，修建了一处建筑颇像一柄打开的折扇，并配之以扇形漏窗、扇形宝座、扇形香几、扇形宫灯等等，俨然一处扇子世界，就是缘由东晋谢安赠扇袁宏，袁宏应答"辄当奉扬仁风，慰彼黎庶"之典。

关于颐和园中"扬仁风"的修建，有一形象生动的民间传说，兹据《扇子趣话》转录如下。

"扬仁风"本是江南一带人们对扇子的别称，可北京颐和园中有一处建筑也叫上这个名字。这个庭院有山有水，雕梁画栋，粉墙蜿蜒，整个建筑颇像一柄打开的折扇，再配上扇形漏窗、扇形宝座、扇形香几、扇形宫灯……简直像一个扇子世界。提到"扬仁风"，还有一段故事呢。

传说当年修建颐和园时，慈禧太后常到园中察看，稍不如意，手下人就会遭殃。

这天，慈禧摇着一把白绢扇，带着太监李莲英又来了。走上万寿山佛香阁朝下一望，只见昆明湖湖水荡漾，水天一色，楼榭阁台飞檐翘首，紫气环绕，不禁喜上眉梢。只是她感到湖北岸的乐寿堂西侧有些空虚，像缺点什么。

她扭头问侍候在一旁的李莲英："小李子，那块空地留着干什么呀？"语气中带着明显的不满。

李莲英一听，马上明白了主子的意思，连忙笑脸回答："老佛爷，是缺点什么。"

"那——"

"那盖个八角亭吧？"

慈禧摇摇头："不好！不好！"

"那修个紫香阁吧？"

"不好！不好！"

李莲英一口气又说了好些个亭台楼阁的名称，想讨主子欢喜，无奈慈禧只一个劲摇头，脸色越来越阴，只急得李莲英抓耳挠腮，满头是汗。

这时，他一眼看见慈禧太后手中挥动的那柄白绢扇，顿时有了主意。

"嘿，老佛爷，小的听说这扇子另有个名字叫'扬仁风'，老佛爷恩降天下，遍扬仁风，才有这太平盛世，我看就修个'扬仁风'园子吧?"

慈禧被李莲英一席话吹得晕晕乎乎，一下子来了兴趣，接口问道："什么'扬仁风'啊?"

李莲英见慈禧高兴了，便凑上前去讲了这样一个故事：

东晋时，有个宰相叫谢安。这人有智有谋，曾和他侄子谢玄用八千兵大败前秦苻坚的八十万重兵，留下了"八公山上，草木皆兵"的佳话。他有个朋友叫袁宏，也是多才多艺，巧言善辩。两人很说得拢。后来，袁宏要做东阳太守，谢安送行时，想考考他朋友的机辩之才。临分手，出其不意递给他一柄扇子，袁宏接过扇子，已理解谢安的用心，立即答道："请放心，到任后定当奉扬仁风，让老百姓感到安慰。"袁宏的颖悟敏捷令人感叹不已，"奉扬仁风，慰彼黎庶"，一时传为佳话。以后，江南许多地方把扇子称作"扬仁风"。

慈禧听完故事，"扑哧"一下笑出声来："小崽子，还有你的，肚子里装了不少烂砖头。"

李莲英躬下腰："不装点货，哪能侍候老佛爷哪!"说着，挥挥手，召来了负责颐和园修建设计的工头"样式雷"，限令他在三天内拿出"扬仁风"庭院的草图。

　　"样式雷"祖辈都是木匠行的高手，不知为各朝皇帝修造了多少宫殿和园林，甭管多难的活儿他都能干，可这次却难坏了他。为什么呢？因为李莲英只诌了个故事，现在要让按故事情节盖庭院，这还不难吗？

　　第一天不知不觉地过去了。第二天，"样式雷"整天憋在屋子里发愁，这园子才难设计呢。慈禧是个反复无常的老太婆，稍不满意，轻则挨打，脱皮掉肉，重则就会杀鸡吓猴掉脑袋。这几天，修建颐和园主体工程已经结束，李莲英一声令下，各处匠人都集中到这里来，准备图纸一成，就开工修建"扬仁风"。但他们哪能想到"样式雷"的难处啊。第二天又不知不觉过去了，"样式雷"苦思冥想，毫无办法。慈禧、李莲英又三番五次派人来催，工匠们也替他着急，愁得个"样式雷"眼睛发红嘴打泡，头发白了许多。

　　最后一天快过去了，明天就是交样子的期限，"样式雷"茶不思饭不想，连觉也睡不着，可图纸上连条黑线也没有划，真急死人啊！

　　这天傍晚，"样式雷"正在屋里抽着烟苦苦琢磨。这时，随推门声进来一位叫花子。这老化子六十多岁，瘦骨嶙峋，破衣烂衫，手提一根打狗棍，肩搭一条破褡裢，里面的残渣剩饭发出阵阵臭味。

"样式雷"见他可怜，就将桌上没吃的干粮推过去，然后摆摆手，让他拿了快走。

老化子把饭装进褡裢，临出门问了一句："瞧这师傅急眉火眼的，啥事这么急？"

"样式雷"叹口气："还不是为了那个园子，急得人都冒'火'了。"

老化子道："火不得，火不得，老汉这里有把扇子，放着没用，送你扬风败火吧。"说着从袋子里掏出一把破扇子来，顺手一扔，恰恰落在桌上盛满干粮的大海碗里。

"样式雷"呆呆地看着这把破折扇，眼睛一亮，大叫一声："有了！"他急急忙忙铺开纸，照着碗中散开的扇子，先画出一个扇面正殿，又在前面画上八条青石，算作扇骨，两样正好合成一把展开的折扇。又用假山、水塘和墙，凑成一个"风"的繁体字，表现出了赠折扇扬仁风的故事内容。

画完以后，他扔下笔，长长出了一口气，抬头四处找寻，老化子早就不见了。

第二天一早，"样式雷"拿着"扬仁风"样式去交差。慈禧看了十分满意，下令依这个样式建造。不到三个月，就完工了。因为它太像一把打开的折扇了，慈禧不但正式给它起名叫"扬仁风"，还赏了"样式雷"好些银子呢！

（五）现代名人多题赠

近代以来，请人在自己的扇子上题诗，或者把自己的扇子作为礼物送人时题上寄情言志的诗句，成了一种风俗。请别人在自己的扇子上题诗，所请的人往往是亲朋好友和尊师、名人；在扇子上抒情言志送给别人，往往是表达友谊、志向或互勉的，所送的人多是友人、亲人、同志。晚清末年，诗人柳亚子曾应王卓民之请为其题扇，就是言志以共勉。诗曰：

> 素筝浊酒逢君日，
>
> 白马青丝盗国年。
>
> 痛饮黄龙终有愿，
>
> 会救沧海变桑田。
>
> 国仇未报总蹉跎，
>
> 一样伤心可奈何。
>
> 快马健儿无限意，
>
> 与君收拾旧山河。

大诗人郭沫若，早在抗日战争时期，也曾在竹扇上题过一首诗：

> 质本岁寒友，
>
> 羞为炎热姿。
>
> 凉风生旦暮，
>
> 投置分之宜。

此题扇诗写于 1939 年 6 月 20 日。当时郭沫若任国共合作后的国民党军事委员会政治部第三厅厅长，由于国民党假抗日、真反共，第三厅的工作不断受国民党的钳制。郭沫若以竹扇自比，托物寓志，表明了自己高洁纯正的品质和决不趋炎附势，宁愿投闲置散，也不做势利之人的心态。这样的诗题在扇子上，每每开扇，每每重温，是一种自勉；别人读了，也会受到熏陶感染的。

著名京剧表演艺术家、四大名旦之一尚小云，少时曾与赵松樵在天津学艺，共同练功习戏，结下了深情厚谊。后来，尚小云名扬天下，赵松樵也艺高屈指，但两人却四十年没能见面。1951 年，一个偶然的机会，两人相逢于济南，悲喜交集。共叙四十年前同窗旧情、感慨久别难聚之苦之际，尚小云得知赵松樵酷爱搜求珍藏折扇，便精心为赵松樵选购了一柄上等折扇，扇长尺半，扇骨朱红，油漆透明，溜光锃亮。

尚小云亲自在扇面上绘画题诗，赠给赵松樵留念。扇画松竹，象征二人的友谊像松柏常青不老，像劲竹亮节高风，画艺颇具功力，甚显深情。左上角题诗，笔力雄劲：

> 同窗离别四十年，转瞬今日已白颜。
>
> 促膝畅谈两相忆，往事悠然在眼前。

诗后跋云：

> 乙未夏日，旅行济南。得遇四十年前同窗松樵大弟，畅谈之下，回忆当年情景，恍如昨日。临别赠送一扇，以留纪念。

尚小云画并题

背面，则又绘以古树茅屋，一人行于茅屋之前，景色凄凉。落款是："松樵大弟雅属，尚小云画。"铃有三处长方朱印。表现出赵松樵不忘当年学艺时家境贫寒之苦的心愫，寄托着他与尚小云患难之交的深情。

赵松樵得了尚小云的这把赠扇，视为珍宝，一直小心珍藏，不时取出展开，抚扇忆人。他平生酷爱藏扇，在浪迹大江南北、长城内外的京剧演艺生活中，每到一处，都搜求选购扇品，带回去收藏。到了 60 年代，他已收藏各种折扇达七十多柄。"文化大革命"中，赵松樵的"四旧"自然被查抄一空。虽然十多年后落实政策，这些折扇又多物归原主，但有的霉烂，有的散架，有的被撕，所幸尚小云所赠的这一把尚保存完好。后來赵松樵担任了天津市剧协副主席，这把赠扇便越发成了演艺界的佳话美谈了。

五、书画之美

（一）王羲之书扇助老媪

在扇上题字作画是扇子文化的一种重要体现形式，晋代已开其端，到南北朝时期便逐渐成为一股流风，至今盛行不衰。

明清间人周亮工在《书影》中说："晋王逸少书贫姥蒲扇；又子敬为桓温书扇，误为墨污，因就成一驳牛，甚工；又梁柳恽诗云：'亭皋木叶下，陇首秋云飞'，王融见之而叹，因书斋壁及所执白团扇；又桓简书羊孚《雪赞》于扇；又宋孝武写吴兴太守何戢蝉雀扇，顾景所画；又齐竟陵王子良之孙贲于扇上图山水，咫尺之地，便赏万里之遥；陶渊明有扇上画赞。古人书画扇子，仅此数则。"这里说的王逸少便是大书法家王羲之，他是在扇上题字的肇始者，至少是见于记载的第一个人。

王羲之（321—379 年，一作 303—361 年），东晋书法家。字逸少，琅玡临沂（今山东临沂）人。初为秘书郎，历任宁远将军、江州刺史、右军将军、会稽内史，人称王右军。早年师从卫夫人学钟繇书法，后博览前代名家书法，采择众长，备精诸体。遂一变汉魏以来波挑用笔，独创圆转流利之风格，兼善草、正、行各体，论家都谓其草书浓纤折中，正书势巧形密，行书道媚劲健，千变万化，纯出自然，于我国书法有继往开来之功，被后人奉为"书圣"。有"临池学书"、"坦腹东床"、"黄庭换鹅"、"书扇济贫"、"兰亭修禊"等许多美淡，其书法尤为世所重。

据《太平广记》引《图书集粹》说："王羲之罢会稽，住蕺山下，旦见一老姥，把十许六角竹扇出市。王聊问：'此欲货耶？一枚几钱？'答云：'二十许。'右军取笔书扇，扇五字。姥大怅惋云：'老妇举家朝餐，俱仰于此，云何书坏？'王答云：'无所损，但道是王右军书字，请一百。'即入市，人竟市之。后数日，复以数扇来诣，请更书。王笑而不答。"此逸闻《晋书·王羲之传》也载，只是较此简略。而后世的民间传说就丰富、"圆满"得多了，并且还和绍兴（即会稽）的地方风物"粘连"了起来。《扇子趣话》记曰：

> 古代绍兴蕺山南面有座"蒲扇桥"，它是座单孔石桥，桥洞高悬，造型别致。后来，为纪念王羲之在此处题扇赔礼之事，人们将它改名为"题扇桥"。

王羲之是东晋大书法家，世称"书圣"。有人说：他为练好书法，日日三更而寝，鸡鸣即起。也有人说：他家中清贫，为节省纸张，每日拿着笔墨，到离家不远的柿林树中在柿叶上练字，一连几年，写满一坡，再走一坡。一场暴雨过后，淋下了柿叶上的墨汁，将那一带柿子坡变为黑土，连蒲扇桥下不深的河水也染黑了，这才练得运笔如神。

话说这"蒲扇桥"头住着一个靠卖扇度日的王婆，她因丈夫早逝，身后又无孩子，晚景十分凄凉。当时，任会稽县右军的王羲之常喜欢同亲朋好友结伴到城南的兰渚山游玩，经常路过蒲扇桥，看到王婆孤身一人，无依无靠，心中十分同情。

兰渚山离城 20 里，青山绿水，风景秀丽，恬静宜人。山脚下，有座飞檐翘角的兰亭，王羲之和亲朋好友常在小亭旁的溪水边饮酒作乐。每次喝酒，他们都列坐于曲水蹊径间，先由王羲之手执漆制羽杯，满酒后置于水上，杯随水流飘然而下，停在谁面前，谁就得即席赋诗一首，若作不出，罚酒三杯。他们把这种喝酒玩耍称之为"流觞曲水宴"。

这年三月，王羲之约文学家谢安并亲朋好友三四十人，又聚会兰渚山举行流觞曲水宴。他们吟诗饮酒，舐毫挥笔，热热闹闹好不快活。眼看天色将黑，王羲之才招呼着众人起身回城。

回来的路上，一行人互相搀扶摇摇晃晃走上蒲扇桥，正遇王婆卖扇归来。她六十来岁，满头银发，手中提着一个小篮，篮内装着没卖掉的纸扇，十分疲劳地走在桥上，看见王羲之一行人迎面走来，忙到桥边让路。她将竹篮放在石桥栏杆上，想歇息一下，不料一不小心，手一松，只听"扑通"一声，竹篮落到桥下，掉进水中。

这情景王羲之看得一清二楚，刚才，他们一行人互相搀扶，前拥后挤走上桥头，就看见王婆迎面走来。王羲之怜悯老人年老体弱，便想给她让路，无奈饮酒过多，两腿沉重，脚步有些迟缓。待见王婆竹篮掉进水中，他的酒也醒了大半，顾不得水冷石滑，忙招呼众人涉水到桥下给王婆捞起篮子。王婆接过篮子，一见纸扇被河水浸湿，心疼地掉下眼泪。王羲之见老人落泪，心中更加不安，追问缘由。王婆就把这几天卖扇销路不畅，家中快要断炊，今日出去又几乎白跑一趟的事诉说一遍。王羲之想：本来销不出去的扇子，再被河水浸湿，那就更卖不出去了，难怪老人伤心落泪。

可有什么办法呢？事情成了这样，总得想办法解决呀。他拿过竹篮，只见二十多把白纸扇，几乎全部被水浸湿，但由于捞得及时，晾晒一下还可使用。他眉头一皱，计上心来，回身让亲朋好友先走一步，自己搀扶着王婆来到她的小土屋中，让王婆从邻居家借来笔墨，挥笔在扇子上书写起来。二十把扇子，有的题诗，有的录句，还把王婆家中的存扇写了一些，一顿饭的工夫，这些扇子上都有了王羲之的笔迹。刚开始，王婆心中十分不快，要不是因为让路，竹篮怎会落水？后来被王羲之搀扶回家，气早消得干干净净，但对他扇上题字仍十分不解，怕弄污扇面更卖不出去。老人面有难色，又不好开口。王羲之看出了她的心思，安慰说："不要担心，明日你卖扇时，就说是王右军写的，每把扇子起码可卖到百钱。"王婆听了，仍半信半疑。

第二天，王婆带着这些扇子上街叫卖。果然，许多人看到王羲之的题字，都纷纷来买，不一会儿，就把扇子卖了个精光。这时，她才知道王羲之讲的句句是实。

就为这事，后人将那座"蒲扇桥"改名为"题扇桥"。

（二）王献之画扇成趣谈

王羲之开书法家书扇之先，其子王献之则又是开画家画扇之风的重要人物。《太平广记》卷二一〇引《名画记》："晋王献之，字子敬。少有盛名，风流高迈。草隶继父之美。妙于画。桓温尝请画扇，误落笔，就成乌驳牛，极妙绝，又书《驳牛赋》于扇上。此扇义熙中犹在。"义熙为东晋安帝年号，时在公元405—418年。

周亮工《书影》谓："子敬为桓温画扇，误以墨污，因就成一驳牛，甚工。"

从"桓温尝请画扇"一语可知，魏晋时画扇已是常见之事，而王献之已是画扇的名家。王献之生于建元二年（344年），卒于太元十一年（386年），而他画的这把扇子至义熙（405—418年）中犹在，说明其为世所重。

《齐书·王僧虔传》："僧虔善隶书，宋文帝见其书素扇，叹曰：'非惟迹逾子敬，方当器雅过之。'"可见王献之书扇对后世的影响。

关于王献之与扇子，另有他与妾桃叶的唱和之作《桃叶团扇歌》、《答王团扇歌》传世，又为中国扇子文化史增添一段美谈。兹录其唱和之作如下。

桃叶团扇歌

王献之

七宝画团扇，灿烂明月光。

与郎却暄暑，相忆莫相望。

答王团扇歌

桃　叶

青青林中竹，可作白团扇，

动摇郎玉手，因风托方便。

诗固平平，然二人以扇传情，颇得时人、后人倾慕效仿。王献之官拜中书令，及去，王珉代为中书令，二人素齐名，时称献之为大令，珉为小令。王珉（351—388年），字季琰，小字僧弥，琅玡临沂人。其兄王珣（350—401年），字元琳，小字法护，官历尚书右仆射，封东亭侯，累散骑常侍。据称珉嫂有婢谢芳姿，珉与芳姿有情，珉嫂发现后，鞭挞芳姿甚苦。芳姿素善歌，而珉好捉白团扇，嫂因命其作《团扇歌》

以解之。他的《团扇歌》后被人列为乐府之一体，仿作者很多。而《古今乐录》则说：

> 《团扇郎歌》者，晋中书令王珉，捉白团扇，与嫂婢谢芳姿有爱，情好甚笃。嫂捶挞婢过苦，王东亭（珉兄，名珣，死赠东亭侯）闻而止之。芳姿素善歌，嫂令歌一曲当赦之，应声歌曰："白团扇，辛苦五流连，是郎眼所见。"珉闻，更问之："汝歌何遗？"芳姿即改云："白团扇，憔悴非昔容，羞与郎相见。"后人因而歌之。

似乎《团扇歌》又称《团扇郎歌》，系谢芳姿所作。不管如何，东晋孝武帝的这两个前后接任的中书令王献之、王珉，都与其所爱以扇传情寄语，恐不是巧合，想必已是风尚使然。后世以扇寓情、传情、寄语之事、之记载多矣，不胜枚举。像《桃花扇》那样演为小说戏曲之传奇巨制者，也为数不少，可感可叹。

按，史载南朝梁武帝萧衍（464—549 年）也作有一首《团扇歌》，词曰：

> 团扇复团扇，持许自遮面。
>
> 憔悴无复理，羞与郎相见。

观之，与《古今乐录》所载谢芳姿所歌略同，不知是这位皇帝的作品被附会到了这位女婢身上，还是这位皇帝抄袭了前代这位婢女作品的诗句，抑或是前代这位女子的作品被附会到了这位皇帝身上，今已难考。

复按，据今所见史料，画扇之事最早似产生于三国时代。据唐张彦远《历代名画记》载："杨修与魏太祖画扇，误点成蝇。"说的是汉桓帝赠给丞相曹操一把"九华扇"，曹操请主簿杨修为其画扇，结果杨修不慎给曹操的扇子弄污了一个墨点，杨修将错就错，将墨点画成了一只欲飞的苍蝇。同为误笔，杨修将其画成了苍蝇，总不那么美；而王献之将其画了乌驳牛，且"极妙绝"，无疑见出水平。像这种"将计就计"者，后世还有不少。清人孔尚任的《桃花扇》写李香君面血溅扇，杨龙友将扇上血迹点染为桃花，因成一把桃花扇。即使与史实不符，孔氏或依传说，或出创造，也是为扇子文化平添一曲绝唱的。

(三) 唐伯虎画扇故事多

明代大才子唐伯虎（1470—1523 年），名寅，一字子畏，号六如居士，吴县（今江苏苏州）人，曾得乡试第一，而会试时因科场舞弊案牵连被革黜，遂漫游名山大川，后归而致力于绘画，纵情诗酒，成为有名的江南才子。其绘画工山水擅人物仕女，偶作水墨花鸟，也饶有情致，在明代四家中名声最著。其书法也佳，诗文不拘成格。他的扇面书画极有名，传世至今的珍品也有一些。如《山房客至》，扇面上远山朦胧，近处树木葱郁，几间草房掩映其中，上题小诗一首："红树黄芳野老家，日高小犬吠篱笆，合村会议无他事，定是人来借看花。"画兴诗意，极有情趣。他在扇子上题过一首七绝："秋来纨扇合收藏，何时佳人重感伤；请把世情详细看，大家谁不逐炎凉。"借吟扇抒发了对世态炎凉的感叹，对当时社会风气的不满和嘲讽。

唐伯虎与秋香的"三笑姻缘"，几百年来广为人知。而与唐伯虎同时，且为唐伯虎好友的祝枝山，就曾为秋香的扇子题过诗，其《题秋香扇面》诗云：

> 晃玉摇银小扇图，五云楼阁女仙居。
>
> 行间著过秋香字，知是成都薛校书。

而秋香原名林奴儿，是明成化间江南一妓。明梅禹金《青泥莲花记》云：

> 南京旧院妓有秋香，后从良，有旧相识求见，以扇画柳题诗拒之云："昔日章台舞细腰，任君攀折旧枝条。

如今写入丹青里，不许东风再动摇。"

明姜绍书《无声诗史》记为：

> 成化间妓林奴儿，风流姿色冠于一时。落籍后有旧
> 知欲求见，因画柳枝于扇，诗以谢之曰："昔日章台舞细
> 腰，任君攀折嫩枝条。从今写入丹青里，不许东风再
> 动摇。"

其情可感。像这种题扇寄情的女子，并非个别例子。明人
《寄梅记》亦记：

> 营妓马琼之归朱端朝，朱官南昌尉，琼之以雪梅扇
> 面写《减字木兰花》寄之，词云："雪梅妒色，雪作梅花
> 相抑勒。梅性温柔，雪压梅花怎起头。芳心欲诉，全仗
> 东君来做主。传语东君，早与梅花做主人。"

关于唐伯虎与扇子艺术的传说颇丰，兹据《扇子趣话》
摘录数则，以资博览。

其一：唐伯虎画扇解难题

明代唐伯虎是人人皆知的风流才子，在苏杭一带，不但
流传着他智点秋香的动人传说，还传诵着他画扇当钱解难题
的有趣故事。

要讲画扇当钱的故事，还得从唐伯虎拜师学艺说起。

唐伯虎的父亲是穷人家出身，好几代居住苏州。到他这一辈，才好不容易在城南街口开了一家小酒店维持家计。为了招徕主顾，小酒店收拾得干干净净，清清爽爽，不少文人墨客闲来无事，都喜欢到酒店坐一坐，喝几杯。

唐伯虎从小聪慧，念书十分用功，小小年纪就博览群书，经史子集、天文地理念了不少。到他 12 岁那年，因酒店人少事多忙不过来，父亲就叫他停学，在店堂帮忙招呼客人。不能念书，唐伯虎很难过，但他是个懂事的孩子，体谅父亲的苦处，只好晚上在油灯下自学，同时，开始练习画画，立志以后靠画画谋生。所以，一有空闲，他不是独自凝神静思，揣摩技巧，就是挥笔在纸上练习笔法。时间不长，他画的画就很像个样子了，虽然笔墨不脱稚气，但画啥像啥，十分传神。特别是他的山水花卉，笔端很见功夫，不少人看了都啧啧称赞。他父亲心中高兴，便从唐伯虎的画里挑出一张《荷花出水图》，挂在店堂墙上。

这一天，从外面进来一位四十来岁的中年人，他叫祝枝山，是当地很有声望的读书人。他抬头看见墙上的画，十分赞赏，便问唐伯虎的父亲：

"这画是哪个画的？"

唐伯虎父亲指着唐伯虎回答:"是我这孩子画的。"

"噢,这小孩画的!"祝枝山一面惊奇地说,一面把唐伯虎揽到面前,然后问道:"这画你画得甚好,可念书?"

唐伯虎轻轻摇摇头。

经过祝枝山的再三询问,唐伯虎才将自己家境贫寒、停学帮父亲做事度日的事讲了一遍。

祝枝山听了很感动,沉吟良久,说道:"既然这样,以后由我来教你念书,下回我来吃酒,再带位先生教你学画。"

唐伯虎听了,不晓得有多高兴,连忙点头应允。

第二天,祝枝山就带着好友、当时有名的丹青名家沈友田来到酒店,乐呵呵地对唐伯虎说:"我给你把先生带来了,还不快叫老师。"

沈友田看了唐伯虎的画,很乐意地收下了这个徒弟。于是,他们三人成了"忘年交"。祝、沈两人几乎天天来酒店,一面吃酒,一面教唐伯虎念书学画,唐伯虎长进更快了。

一天,祝枝山和沈友田两人又来到小酒店,边喝酒边和唐伯虎谈论作画的章法布局,酒喝到一半,两人这才发现谁也没有带钱。有人会说,没带酒钱算什么啊,下次来的时候补上不就行了。再说祝、沈两位名士,整日价教唐伯虎念书学画，喝点酒吃顿饭还要钱，伯虎父子未免太不懂理了。其实，这事怪不得伯虎爹。祝枝山和沈友田两人都是当时大名鼎鼎的念书人，他们看到伯虎聪明过人，是可造之才，这才认他做徒弟。可伯虎忙着学习，就没人招呼顾客了，为了让伯虎腾出时间念书，又能减轻他家的负担，祝、沈两位先生早就合计好，到酒店喝酒时，每次都如数付钱。两人知道：若一赊账，伯虎爹以后必定不收。久而久之，他们养成了习惯，喝酒必付钱。然而这次可巧没带钱。两人又浑身翻了个遍，还是找不出一文钱，怎么办？两人正在为难时，伯虎爹走了过来，一问情由，忙说道："两位先生何必这样，你们日日教小儿念书，情值千金，我一顿酒饭，又值几文钱？家里虽贫，可也不在这一顿酒饭。"伯虎爹越说越不高兴。

正在相持不下，祝枝山一眼看见自己手中那把纸扇，眼睛一亮，顿时有了点子，连声说道："有了！有了！"几位顾客正在疑惑当儿，没头没脑不知啥事。祝枝山解释说："我们教伯虎的时日已不短了，今日正好趁此机会考考他，一来看看他学得如何，二来也考考我们教得怎样。大家看我手中这把扇子，扇面白净净的，正好让伯虎在上面写诗作画，如能画好，拿到市上去卖，要能卖出去，难处不就解了吗？"沈友田一听,说:"好! 好极了!"伯虎爹见此情景,也只好赞同。

伯虎赶快拿来笔墨,屏气凝神,先用行书草成一首唐人七律。这字写得婉丽道逸,奕奕动人,很有自己的风格。接着,又一气呵成,依诗意作了幅《江南早春图》,远处青山秀丽,一泓碧水绕山而行,几间农舍掩映在绿树丛中,近处一枝桃花开得正红……

唐伯虎边画,祝、沈二人边在身旁轻轻点头。这时,在酒店吃酒的客人,见小伙计写诗作画,都纷纷离座观看。不到半个时辰,唐伯虎的扇面就画成了。祝枝山正要喊人上街上去卖,旁边围观的一个客人搭言道:"看不出,这小伙计还真不简单。"接着,像故意为难唐伯虎似地说道:"假如扇面上再有人物,我就出二十两银子来买。"说完,眼睛打量着唐伯虎。

唐伯虎闻言,点头答应,伸手就去拿笔,祝、沈二人看见,不免有些着急。因为过去古人作画,以山水景物为主,人物只作景色点缀,所以,沈友田教唐伯虎作画,讲的多是山水技法,结构布局,从没教过他画人物。这人物在画中虽是陪衬,可画不好,就会影响整个画面,而且扇面本来已经画完,实在容不得再增添人物了。祝、沈二人有些担心。谁知唐伯虎胸有成竹，他略一思忖，便选定位置，在桃花枝下细心勾出了一个美人。这美人手执一柄团扇，正引颈远眺，像在盼游子归来，又像在远望群山，欣赏那里的秀丽景色。这人物加得恰到好处，似画龙点睛，使整个画面变活了。众人一见，不禁一齐拍手叫好。到这时，祝、沈二人才舒了一口长气。

原来，聪明好学的唐伯虎不但将两位老师每日讲述的东西熟记在心，而且抽空自学老师没有讲过的，这一手人物技巧就是他自己学成的。

刚才想难一难唐伯虎的客人，难违众愿，只得忍痛拿出二十两银子买下扇子。

就这样，唐伯虎凭着自己的勤学苦练，终于在这里初露锋芒，不但解决了祝枝山、沈友田二人没带酒钱的难题，更为自己赢得了名声。

其二：唐伯虎画扇面

唐伯虎在扇庄画扇面，技艺超人，远近闻名。一天，一个相貌俊雅、衣冠楚楚的人来到扇庄。这人自称云山居士，他见了唐伯虎，刚寒暄毕，便道："今来不为别事，意在得一贵笔真迹！"唐伯虎忙说："不敢，倒是可涂一扇。"那居士说，画儿需他命题，如画得来，他愿出画价的三倍购扇；如画不来，他就白拿三把上等的扇子。说定之后，唐伯虎就要画了，云山居士说："我养过骆驼，就在扇面画骆驼好了。"唐伯虎并不在意，执笔便画。那居士忙止住道："且慢，在这扇面上画一个骆驼不行，画两个不行，画三个也不行，画……"唐伯虎问："画几个吧?"云山居士笑笑说："画一百个吧!"唐伯虎点点头，就画起来。只见他先画了一片沙漠，沙漠中间是一座孤峰兀立的大山，山下林茂路弯。居士一看，见画面快要画满了还没见一个骆驼，得意地笑了，心想："看他咋画得下一百个?"顷刻间，唐伯虎在山的左侧画了一只骆驼的后半身，前半身已被山壁挡住；在山的右侧，露出了一只骆驼的前半身，那骆驼正被主人牵着，迈着稳健的步子从山后走出来。

唐伯虎把笔一搁，居士急了，忙说："不够一百个呀!"唐伯虎立即操起笔来，在画旁题了一首打油诗道："百只骆驼绕山走，九十八只在山后，尾驼露尾不见头，头驼露头出山沟。"云山居士一看，哑口无言，付了三倍的银子，扭头走了。

不几日，又一个才子模样的人来到庄上，自云是云山居士的胞兄，号樵夫，今慕名来庄，恳望得唐伯虎贵笔一幅。

这樵夫到底比他弟弟大，说出话来也大得多。他也是要自己命题，如唐伯虎画得来，他愿出五倍的画价，如画不来，那就要白拿五把扇子，每把都须唐伯虎精心涂染。说话间，樵夫就自己命题了："以'花香'为题吧！"唐伯虎欲伸笔，樵夫又忙补一句："可有一条，扇子上不要瓣花。"唐伯虎点点头，笔尖就触到了扇面，只见扇子的右边伸出几片绿叶来，一群蜜蜂，一只蝴蝶，正飞了过去。画毕，唐伯虎题上"花香"二字。樵夫看看，紧紧抿上了嘴，一声不吭，掏出了五倍的扇价。可不一会儿，这樵夫又眨眨眼道："好吧，再画一幅，这次我的扇价是十倍，你出的扇子是十把，题还是我命。"唐伯虎点点头。樵夫道："以'鸟语'为题，同样不能画鸟。"唐伯虎只"嗯"一声，扇面上就现出了一棵枝稠叶密的大树来，在树身上隐约露出了一蓬鸟巢，树下是绿绿的草地，一只大花猫正卧在草丛里，仰头瞅着树上的鸟巢。

樵夫看了，惊叹不已，赞道："此世之罕睹，可谓妙笔生花，观奇墨闻鸟鸣啊！"说罢转身就走了。

其三：王好名求画

明朝有个王好名，爱好名人书画。一天，他得到了一把精致的素面绢扇，喜欢得不得了，他想，如果能配上唐伯虎的画，那该多好哇！

于是王好名就动身去苏州，求唐伯虎画扇。到了苏州附近的一个摆渡船上，和一位年轻的读书人攀谈起来，一来二去的倒也说得来。那读书人见他手里紧捏着把扇子，像宝贝似的，就问道："先生，这扇子是——"王好名说："我这次远道而来，是想求唐伯虎在扇面上题画的。"说着，小心地递过扇子给读书人看。那读书人打开扇子一看，笑了笑说："倒是把难得的好扇子。可惜，听说唐伯虎出门访友去了，要走十天半月，恐怕一时回不来呀！"王好名一听，非常懊丧，口中嘀咕："那怎么办？总不能老住在苏州等呵！"读书人见他一副真心诚意的样子，就说："这样吧，我给你画几笔好吗？"王好名心里虽不愿意，但又不好当面回绝，只好含含糊糊地"唔"了一声。那读书人便向船家借了一支秃笔和半块断砚，挥笔便画。"刷、刷、刷"，不消几笔就画好三只河虾。王好名一看，三只河虾活灵活现，与真的一模一样，但他转念一想，自己是为求唐伯虎的名画而来，如今却让一个无名小辈随随便便糟蹋了好扇面，不由得越想越后悔，脸色也渐渐不自在起来。那个读书人见他这般模样，便说："先生，你大概不满意吧？那没关系，我可以洗掉它。"说着，俯下身子，把手伸出船外，将扇子在河面轻轻抖了两抖。这可不得了啦！那扇面上的三只河虾，一只一只都活蹦乱跳地跳到河中，一眨眼全游走了。王好名看得目瞪口呆，半晌说不出话来。这时，船已到岸，读书人把扇子朝王好名手中一塞，扬长而去，走了几步，又回头对王好名说："先生只求虚名，不求实际，只怕唐伯虎永远也不愿为你作画了。"

一听这话，王好名才如梦初醒，跺脚叹息道："啊呀，我真是有眼不识泰山，这不就是唐伯虎本人吗！"（选自《中国历史名人传说》）

其四：扇面桃花

唐伯虎画画挺有名气，向他求画的人也特别多。一年初春，有个外地秀才慕唐伯虎的大名，特地来到苏州，请求唐伯虎画画。秀才寻到桃花坞，到了唐伯虎的家，见唐伯虎正在画画，就立在门外，不敢贸然进去。

唐伯虎见门外有人，就问："啥人呀？请进来！"

秀才跨进门去，见了唐伯虎，作个揖，说道："鄙人是外地来的，久仰伯虎兄的大名，今朝冒昧登门，想请伯虎兄赐幅画呢！"

唐伯虎一看来人，不像有钱有势的，是个穷书生，就说道："客人远道来此，不能叫你空手回去，不过，在下也是徒有虚名，不见得画得好，但不知客人要个啥尺寸？"

秀才想：画大幅功夫大，太费事，还是画幅小品，就说道："画个扇面吧！"

唐伯虎从画柜内拿出一幅空白的扇面，在画桌上铺平，又问道："要画啥呢？"

秀才说："这里是桃花坞，园子里桃树又多，就画桃花吧。"

"好呀！"唐伯虎一面答应，一面望着窗外。这时辰，正是立春刚过，天气转暖，花树萌芽，园中的桃树已经返青，枝上已绽出了嫩芽。唐伯虎看在眼里，就拿起笔来，照着园中的桃树三笔二笔，一株桃树就画好了，略等一会，将扇面交给了秀才。

秀才接过扇面，心里十分欢喜，连忙用手绢包好，谢过唐伯虎，高高兴兴地走了。

秀才回到家里，想仔细看看唐伯虎的画，取出扇面一看，不觉大为扫兴，只见扇面上只有几支桃树的枝干，没有一朵桃花，连一点红色也没有，心里想，这叫啥个桃花？都说唐伯虎的画画得好，好在哪里？秀才越看越气，顺手将扇面掷到了园子里。

过了一段时光，大约三月上旬，秀才外出回家，到园子里去散步，忽见园中有棵桃树，正在开花，千朵万朵，好似云霞一般，十分好看。秀才感到奇怪，园中从未种过桃树，哪来的桃花呀？咦！树根边还有一张扇面呢！他顿时想起了唐伯虎的画，弯下腰去仔细一看：啊，桃树是在扇面上长起来的。正是唐伯虎画的那株桃树，被秀才丢在园中，经过阳光雨露，暖风吹拂，到了三月，桃树自然要开花了。

秀才看呆了，他想起当初丢掉扇面，心里懊悔不已，现在扇面已经烂掉，无法拿起来了。

"可惜呀，可惜！"秀才一面叹气，一面发呆地望着桃花。望着望着，忽然想出了一个主意：为了保持唐伯虎的画意，何不用青砖在桃树下砌一个扇面形的花坛，让桃树长在扇面上，成为园中的一个美景。花坛砌好，秀才又题了个名字叫"扇面桃花"。有人来看桃花时，秀才就说："这就是唐伯虎送给我的画呀！"（选自《乡音》）

其五：画扇

有一次，唐伯虎坐船外出游玩，没事就坐在船后头跟船老板闲谈。船老板不认识唐伯虎，唐伯虎也不认识船老板。

船老板有把两面空白的纸扇子，歇时间扇一扇，歇时间扇一扇。唐伯虎看中了这把扇子，想起了作画，对船老板说：

"老板，你这把白纸扇子蛮好噢！"

"嗳，蛮好！"船老板一边说，一边又把扇子摊在眼前看了看。

唐伯虎说："上面要有一点画就更相宜了。"

船老板一想，有道理，便说："公子，你会画吗？"

唐伯虎说："会一点！"

船老板高兴地说："请公子在上面画一点好吗？"说着就把扇子送到唐伯虎面前。这正合唐伯虎的意。

唐伯虎说："好！"于是，他接过扇子，打开书包，拿起笔。该画什么？这时刚好从头顶上飞过几只麻雀，就开始画麻雀。画好了，看上去不清楚，就像个黑墨团儿，一共画了七只。哪知道，就是画的七只麻雀，一只一个神态。船老板一看，很不快意，嘴里就说出来了：

"你这公子，不会画就不要逞能替人家画。你看一张好好的白纸扇子都给你画坏了！"

唐伯虎说："噢！老板，你看画得不好吗？"

"嗯！"

"不要紧，你看不好，我替你拿掉好了。"

"你能拿掉，就替我拿掉好了。"

唐伯虎把笔一搁，用个中指推着黑墨团儿，慢慢地向边上赶，一赶，赶到边上，用力一弹，呼噜——一只麻雀落在水里，扑……扑……扑……飞上天了。

又推着一个墨团儿，慢慢地向边上赶，一赶，赶到边儿，用力一弹，呼噜——一只麻雀落在水里，扑棱棱，又飞上天了。

这样，七只麻雀，掸掉了六只。唐伯虎又要推第七只了，船老板这才晓得是个宝贝，忙说："公子还有一只不要掸了，还有一只不要掸了。"说着就伸手把扇子抢过去，一看，上面还有一只，看上去仍像个黑墨团儿，船老板又求唐伯虎："公子，请你再画一只！"

唐伯虎说："我的笔只能画一次，画第二只就不灵了。"（选自《中国文人传说故事》）

（四）文徵明精品今发现

文徵明（1470—1559年），明代中叶著名书画家，长洲（今江苏苏州）人，正德末以岁贡生荐试吏部，授翰林院待诏，世宗时预修武宗实录，侍经筵，致仕归。工诗文书画，画为明代四大家之一，生徒众多，影响颇大，有"吴门派"之称。在他的为数众多的传世书画作品中，书画扇面占有相当部分，有的堪称精品，很有价值。1973年3月，南京博物院在吴县洞庭山考古，在清理一明代官僚墓时，发现了一柄书画折扇，就是文徵明留下的一件精品。此扇扇骨用乌木所做，12股，长31厘米，泥金扇面，高20.3厘米，宽55厘米，一面画的是雨景山水，一面写的是一首《夏日睡起》诗，画、诗、书法在这把折扇上合为一体，是研究文徵明艺术的不可多得的珍贵文物。在雨景山水的扇面画上，近景为山坡烟村，用的是墨笔混点结合晕染的技法，树丛中是用淡墨勾出的小屋，使自然山水与人的环境融会一体，而又妙在不见人影；远景则为云雨中起伏的山峦峰嶂，与近景浑然一体，使人神思悠远。画面没有落款，右下角钤有"文徵明印"白文图章和"徵仲父"朱文图章。在泥金扇面上作画，因其光滑不吸水，用墨难度很大，文徵明却画得浓淡、虚实相宜，混点晕染与细笔勾描结合得精细有致，烟云变幻、雾雨空蒙又隐传人声的艺术效果表现得淋漓尽致。另一面的行草《夏日睡起》诗为："绿荫如水夏堂凉，翠簟含风午梦长。老去自干闲有得，困来每与客相忘。晴窗试笔端溪滑，石鼎烹云顾渚香。
一鸟不鸣心境寂，此身真不愧羲皇。"署款"徵明"，也钤有
"文徵明印"白文和"徵仲父"朱文两印。观此诗，知为文徵
明老年所作，闲适自得，自比羲皇，物我两忘，人我两忘，
然而又毕竟未忘的心态活然托出。诗的行草书法，是文徵明
各种书体中个人风格最明显的一种。尤其是在折扇上手书，
自然受扇面尺寸、样式的限制，但文徵明的这一书法作品却
看不出这种限制，挥洒自如，行气自然，难能可贵，堪称扇
面书法艺术的杰作。

（五）郑板桥画扇美名传

郑板桥（1693—1765 年），名燮，字克柔，自称板桥道
人。清代著名书画家、文学家，江苏兴化人，少颖悟，家贫，
落拓不羁，有狂名。为康熙秀才，雍正举人，乾隆进士，官
山东范县（今属河南）知县，后调知潍县，值岁歉，活人无
算，深得县民称颂。以助民讼及请账事得忤豪绅大吏，乞疾
归，重于扬州卖画，工诗、书，尤以画名，与扬州同以卖画
为名者组成了画坛"偏师"、"怪派"，称"扬州八怪"。既以画
名，就少不了与扇子艺术结缘。其《大年初一卖扇子》一则

传说为：

郑板桥要回兴化老家过年，到了镇江，已是腊月二十九。天阴沉沉的，再赶路，盘缠就不够了，他不愿意打扰朋友，就想先找个旅店住下来。

那些大店的老板，都是势利眼，看郑板桥这个穷样子，不是说客满了，就是说过年不接客。一连找了好几家，都是如此。

他走到另一条街上，看见一家小旅店。这店老板一看郑板桥走来，笑嘻嘻地迎上来说："先生住店？里面请！"老板娘见有客人来，连忙送菜端饭，还拿来热烫烫的铜脚炉，给郑板桥烘脚。

郑板桥很开心，总算遇到了好心人。

第二天，店老板来到郑板桥的房间，为难地说："先生，我们店小利微，生意清淡。你如有钱，请先付些给我，添些年货；如实在没有，那就委屈先生，与我们将就着过年了。"

郑板桥听了老板这番话，再看看他憨厚的样子，心中实在不安。窗外，大雪纷纷扬扬，他想了想说："老板，我想请你再垫些钱，上街买些白纸面的扇子，我画了，你明天拿上街去，一定能卖个好价钱，不但饭食房钱有了，你还能进些财。"

老板听了一愣，老板娘把丈夫拽到旁边，轻声说："这不是半夜抱住枕头当元宝——穷开心嘛！下雪天有哪个买扇子！"

老板说："这先生穷归穷，人倒蛮正派，不像寻开心的样子。不管怎样，找些东西去卖卖，买些扇子回来，再割些肉，买些鱼，大年时节，不能让客家吃咸菜过年啊！"

老板娘说："这样吧，你把我娘家陪嫁的首饰拿去当些银子吧！"

店老板把首饰当了一两银子，拿五钱买了十把扇子，剩下的买了点鱼和肉。

吃过年夜饭，郑板桥就画呀，写呀，连夜将十把扇子画好了。

大年初一，郑板桥对店老板说："你马上开一扇门，拿张凳子放在门外，拿这把扇子，手不停地扇。如果有人要买，你想要多少银子就卖多少。"

于是店老板忙端了凳子，往门口雪地上一放，把扇子打开。嗨，扇子上面画了几棵竹子，画得真好。竹子身骨枝枝挺立，竹叶子随风飘动，好像与寒风斗势呢！随便哪个大户人家的中堂、条幅，也是比不上的。不晓得是店老板心急如火呢，还是这把扇子是神扇，只见扇着扇着头上直冒热汗。

这时，家家户户出来拜年了，大家都奇怪，这人变什么戏法儿呢？寒冬腊月手头拿把扇子，头上还淌着汗水哩。没有多少辰光，看热闹的已是人山人海了，一条街挤得水泄不通。有些识画的，挤到前面，将扇子要来一看，心里"扑通"一下：这不是郑板桥画的扇子吗？抬头连忙问："这扇子卖吗？"店老板将头点了点。那人又问："多少银子？"店老板心里想，我已经出了半天洋相，价钱要高些，先要二两银子试试看，他伸出两只手指晃晃。那人立即从怀里掏出两锭银子，往店老板手里一塞："二两银子，我买，我买！"拿了扇子就走。

那些与他一起来的，一看是郑板桥画的扇子，个个都惊呆了，只二两银子，太划算了！看样子，这店家不识货，忙问："这扇子还有吗？我们也要买！"老板一看，有这么多人要，高兴得连连点头："有，有，多着哩！我回去拿。"他急忙跳下凳子，跑回家去拿扇子。

这时，围着看热闹的，早已一传十，十传百，一听说是郑板桥画的扇子，都想买，争先恐后，直往门口拥。幸亏郑板桥已经关照，只开一扇门。

店老板到了房间，看见郑板桥手里正拿着一把扇子在看，高兴地说："先生，生意不坏，二两银一把呢！"说着又把八把扇子拿走了。

店老板将九把扇子卖完，要买的更多了，还有的要出大价钱。他连声说："等一等，等一等。"等他再回屋里一看，客家已走了。他跑到门口说："对不起诸位，替我画扇子的先生已经走了。"

"哎呀，那是郑板桥先生呀！"

店老板一听画扇子的客家原来是郑板桥，夫妻两个真是懊悔，昨天没有好好招待郑板桥先生。从此，这家小旅店就兴旺起来了。

据说，郑板桥一生，只画过十把扇子，解放后，在"扬州八怪纪念馆"里陈列着的那一把扇子，就是郑板桥带走的那一把。卖出去的那九把扇子，如今都已不知去向了。（选自《郑板桥传说》）

六、文人雅趣

（一）孔明手摇羽毛扇

羽毛扇是用来扇风招凉的，同时又是智者的象征。出谋划策的人，往往被称作"摇鹅毛扇的"。这大约是因为被称作智慧化身的诸葛亮曾手持鹅毛扇指挥三军作战的缘故吧。在如今的京剧舞台上，诸葛亮总是身着紫色八卦衣，作道家装束，手持一把白羽扇，指指划划，掐掐算算，颇有些仙风道骨的神秘色彩。而历史上的诸葛亮又是什么样子呢？

唐人欧阳询的《艺文类聚》引述晋人裴启的《说林》载：

> 诸葛武侯与宣王在渭滨将战，武侯乘素舆，葛巾，白羽扇，指挥三军。

诸葛亮，字孔明，三国时蜀国的政治家、军事家，刘备蜀汉政权建立后官拜丞相，后奉遗诏辅佐刘禅，建兴初，封为武乡侯，主持军国大事，后世省称武侯。司马懿，字仲达，三国时魏国大臣，为人多智谋，善权变，明帝时任大将军，曾多次出师与诸葛亮相拒，曹芳即位，奉遗诏辅政，后代为丞相，执国政。司马炎代魏称帝，晋立，追尊司马懿为宣帝，后世亦称为宣王。所谓"在渭滨将战"，指的是建兴十二年（234 年）诸葛亮与司马懿各率军在渭水之滨（渭南）对垒。

诸葛亮指挥三军时素舆、葛巾、白羽扇的穿戴打扮，表现他带有儒将特点的风范仪态。持白羽扇指挥三军，儒雅潇洒，一副胸有成竹的样子，蕴含着他善智谋，通晓兵法，长于巧思。后人遂把羽扇看作军师的标志，进而看作智慧的化身。在文艺作品里，在戏剧舞台上，诸葛亮就与羽毛扇分不开了。尤其是京剧传统剧目《失》（《失街亭》）、《空》（《空城计》）、《斩》（《斩马谡》）中，诸葛亮为守街亭，手持羽毛扇调兵遣将；演空城计，手持羽扇抚琴退敌；失街亭后，手持羽扇挥泪斩马谡，他手里始终离不开那把羽毛扇。扇子一摇，似乎智慧就来；扇子一摇，似乎就稳操胜券；扇子一挥，三军就会势如破竹，无往而不胜。

《三国演义》第一百回："只见孔明端坐四轮车上，手摇羽扇。"

《三国演义》第一百回："孔明入阵，把羽扇一摇。"

《三国演义》第一〇一回："只见孔明簪冠鹤氅，手摇羽扇，端坐于四轮车上。"

《三国演义》第一〇一回："车上端坐孔明，簪冠鹤氅，手摇羽扇。"

《三国演义》第一〇一回："车上端坐孔明，纶巾羽扇，鹤氅皂绦。"

可见，已经形式化了。

其实，像诸葛亮手执羽扇的风范仪态，在三国乃至后世的儒将身上都有所体现。苏轼的《念奴娇·赤壁怀古》一词写到周瑜时道："遥想公瑾当年，小乔初嫁了，羽扇纶巾，谈笑间，樯橹灰飞烟灭。"即是。

诸葛亮的羽毛扇，传说是鹅毛所制，俗称"鹅毛扇"。关于他的那柄鹅毛扇的来历，民间有一段传说，兹据赵成玉、皇甫姜《扇子趣话》照录如下：

三国时的诸葛亮，手中常挥动一柄鹅毛扇。无论是战前运筹帷幄，还是沙场对阵厮杀，总是身不离扇，扇不离手。提起这柄鹅毛扇，倒引出一段故事来。

诸葛亮七八岁时父母双亡，跟随叔父在湖北襄阳隆中居住。他勤奋好学，十五六岁时，听说河南南阳卧龙岗有个黄员外，家藏古今奇书，便辞别叔父，来到南阳。

这黄员外名叫黄承彦，前几年妻子病故，膝下只有一个女儿。他有个爱鹅的嗜好，养鹅百只，晨出晚归，整日里在白河中放牧，一群鹅养得羽翼丰洁，个大体肥。他还有个怪脾气，家中虽藏奇书，可是从不外借。

诸葛亮来到南阳，并没有马上去拜访黄员外，却在卧龙岗上搭了个茅庵，开荒种起地来。每天，黄员外在岗下白河滩头牧鹅，诸葛亮在岸边开荒，时隔不久，两人就渐渐熟悉了。黄员外时常走上岗来和诸葛亮交谈，谈话投机，便成了好友。以后，诸葛亮常去黄员外家借书，成了员外家的常客。

黄员外觉得诸葛亮知书达礼，胸怀大志，早想把爱女许配给他。谁知和女儿一提，黄小姐却连连摇头。原来这黄小姐，自幼好学，且聪慧过人，只是容貌丑陋。前两年，有人爱慕小姐才学，前来提亲，谁知听说小姐丑陋，没过几日又来退亲，使黄小姐十分伤心。她瞧不起世上那些重色轻才之徒，宁肯不嫁，也不愿再被捉弄，所以，这次父亲给她说合，小姐便摇头不允。

哪知，诸葛亮不是那种世俗小人，主动托人前来说媒。员外大喜，当即答应了这门亲事。黄小姐对诸葛亮也早有爱慕之心，只是不知诸葛亮是真情还是假意，所以才不答应。这次听说他不重容貌，主动提婚，心中暗暗欢喜，心里早就默认了婚事。

一日，诸葛亮和几个朋友又来黄家。黄小姐隔帘相望，只见诸葛亮气宇不凡，纵论天下大事，无所不晓，只是交谈之间，锋芒过于外露，喜怒皆形于色。黄小姐将这些暗记在心。

过了不久，黄员外帮助诸葛亮在卧龙岗择吉日完婚，并将家中藏书和一群白鹅做了陪嫁。又过了一年，诸葛亮听说叔父有病，便领着妻子离开南阳，去襄阳看望叔父。

这时，正遇上徐庶走马荐诸葛，刘备、关羽、张飞来襄阳隆中，"三顾茅庐"请诸葛亮出山。诸葛亮只得从命，可又觉得自己年纪尚轻，不免有点心虚。

临行时，黄小姐宰鹅置酒为丈夫送行，并将连夜赶制的一柄鹅毛扇送给诸葛亮。诸葛亮不解其意，黄小姐道：此扇是为妻连夜所制，你出山辅佐刘皇叔振兴汉室，拯救百姓，责任重大，需事事小心。我与你朝夕相处，已有些时日，看你有一大弱处，即遇事容易着急，喜怒皆形于色。这柄羽扇，有事时正好为你遮挡一二。而且，鹅是机警性灵，一有风吹草动，它便知晓，日后军务在身，要随时记着"机警"两字。话没说完已泪珠涟涟。

诸葛亮接过鹅毛扇，深感妻子一片苦心，从此以后，他便经常不离那鹅毛扇了。

（二）苏东坡的扇子缘

苏东坡，宋代文坛（岂止文坛）上最有名的人物之一。他的名字也是经常和扇子联系在一起的。他不仅记扇、咏扇，而且还能书扇、画扇。他原本就是书画名家，书法擅长行、楷，与蔡襄、黄庭坚、米芾并称"宋四家"；绘画擅长竹、石，尤喜作枯木、怪石。时人看重他的书画，扇子上的作品自然也是抢手之作。《桃源手听》中就曾记载了他在杭州任职时，书画扇子而了却一桩债务纠纷的轶事：

> 东坡为钱塘守时，民有诉扇肆负债二万者，逮至则曰："天久旱且寒，有扇莫售，非不肯偿也。"公令："以扇二十来就判。"举笔随意作行、草及枯木、怪石以付之。才出门，人竟以千钱取一扇，所持立尽。遂悉偿

所负。

熙宁间苏东坡曾通判杭州，15 年后的元祐，（1086—1094年）间，他又以龙图阁学士出知杭州，政绩还不错，苏堤就是那时修筑的。之所以叫"苏堤"，就是人们仰其功德，自然而然叫起来的。他的"画扇结案"一事，比起修筑苏堤来，显然算不得什么功德大事，其蕴涵却是丰富得很：一，它表现了苏东坡处理民事纠纷的智慧；二，它表现了苏东坡的"爱民如子"；三，它表现了苏东坡的画扇的声名之高，成了人们竞相争购收藏的艺术佳品。如果今天有谁还保存着苏东坡当年的一把画扇，那可真的价值连城了。

当然，苏东坡当年的画扇今天实难再有，然而他"画扇结案"的故事却一直还在人们口头流传。《扇子趣话》记为：

宋神宗熙宁五年（1072 年），正是苏东坡从京城到杭州做通判的第二年。这一天，苏东坡鹤巾青衫，喜气洋洋，在官邸后花园内招待从汴京前来看望他的几个学生和诗友，准备饮酒赏菊。

这小园是苏东坡来杭州后亲手布置的：远处山石参差，近前小亭翼然，一泓清流环绕竹林，十分秀丽。日上三竿，所邀骚人墨客接踵而至。

这时节，正值初秋，天高气爽，惠风和畅，小园内菊花初放，满地铺金，微微清风吹来，送来阵阵芳香。酒过三巡，不知是谁，提议大家作诗助兴。这主意正合东坡心意，他笑着击掌赞同。等家人取来文房四宝，他也不谦让，沉吟片刻，便挽袖举笔，在纸上挥写起来。那字龙飞凤舞，气势磅礴，宾客们赞叹不绝。

写至一半，突然从前面传来一阵鼓声，紧接着，老家人一溜小跑来到小园："大人，外面有人击鼓告状，请大人即刻开堂审案。"

东坡来到堂前，发现走得匆忙，写诗的墨笔还在手中，不禁摇头苦笑。他往堂下一看，众衙役、差人早就侍立两旁，再细看去，他们一个个挤眉弄眼，掩口而笑。东坡不觉十分诧异，忙整理衣冠，正襟危坐，这时才发现自己身上还穿着青色长衫，忙起身转到后堂，更换官服，这才重新上堂。

随着差人威严的吆喝声，告状人被带上堂来。他叫吴小乙，在杭州城内开着一家小店，以卖绸绢为生。只见他穿孝服，双手颤巍巍地呈上状纸，告他的邻居张二赖账不还。东坡接过状子，看了一遍，立即吩咐差人传张二上堂，当面对质。

一会儿，张二被带上来了，他面黄肌瘦，衣衫褴褛，时值秋天，身上只穿一件缀满补丁的粗布单衫。苏东坡见他进来，先问吴小乙："你告张二赖账不还，借钱多少？何时借的？细细讲来。"

吴小乙连忙回答："禀告大人，去年冬天，他到小人店铺，租我十丈白绢，合价二万，说好半年还清，到现在已近一年，分文未付，小人几次讨账，他却一再推托不还。望大人明断。"

东坡听罢，大声问道："张二，吴小乙告你赖账不还，可是实情？"

张二瞅一眼吴小乙，低声回答："吴掌柜所说，均是实情，小人确是借他两万大钱未还。"

东坡听罢，惊堂木一拍，正言道："你既欠人家钱款，就该早还，何故拖延至今？"

张二吓得浑身发抖，说话也结巴起来："大……大人，小的世居西湖岸边，祖传三代，制扇为业。我买他的白绢，本是制作扇子用的。我们交往已有四五年了，过去一直守信用，按期还钱，谁知今年做的扇子，一直卖不出去，一家人糊口都难，哪里有钱还债。"说罢，泪如泉涌。

见其比。所谓珠玉在旁，觉我形秽也。"

黄为书法家，题扇之作很多，如《题小景扇》："草色青青柳色黄，桃花零落杏花香。春风不解吹愁却，春日偏能惹恨长。"可谓雅丽精绝者也。

（四）支廷训戏作扇子传

古代人多有为日常生活所用的器物树碑立传者，那是以拟人化手法述写的一种纪传体文字，虽然未免游戏笔墨的意味，却也间含对世事的褒贬和个人情感的泻泄，于器物本身则溯其源流，状其体制，述其功能和物理，旁及轶闻、逸事或史实。这类作品，唐代有韩愈的《毛颖传》写笔，司空图的《容成侯传》写镜，宋代有苏轼的《万石君罗文传》写砚，张耒的《竹夫人传》写竹枕。明代此类文章尤为多见，有高明的《乌宝传》写墨，姜子万的《褚宝传》写纸，刘启元的《商君传》写酒杯，《玄壶子传》写酒壶。支廷训更为个中能手，他的《持风使者传》、《苏理相公传》、《新城侯传》、《汤蕴之传》、《涵春君传》分别写了扇、梳、浴盆、茶壶和花瓶。现录其《持风使者传》于下，以见其为扇立传的苦心、知识的渊博和见解的独到。

持风使姓操名规，来清其字也。其先佐虞氏开广视听，系籍五明。殷宗以雉尾纪官，周昭以雀翘标衔。迫晋，扬谢傅之仁者袁东阳，蔽庾镇之尘者王司徒，总之转移世风，激扬是系，非具挺然之节，皎然之姿者，弗克胜任，故人特为之倚重云。

辄近法令烦苛，民罹汤火，甚于烁石煎沙，无可逃避。使者奉简书，就所握，舒徐摇曳，在在风生。左顾左冷然善也，右顾右冷然善也。觉捐烦即夷，如在深山茂林中矣。咸赏心谢曰："焦土之民，少苏憔悴，皆君赐也。何不出其风力，鼓畅四方，乃仅一隅之披拂为？"曰："三皇之风邃如，五帝之风穆如，三王之风熙如。风随世转，来莫测其端，去莫知其止。即天地且听其斡旋，此诚命世之英耳，非凡手之力也。"依依然虽掌握惟人，不傲之以不屑。军中指挥，披庭裁制，咸与焉。

惟运承肃杀，虽未及履霜，即奉身而退，韬藏惟恐不秘。阳和载世，操纵自由，复解其弢结以效。不先时而争时，不后时而失时，盖龙飞利见时也则致用，龙潜养晦时也则泥蟠，君子以为得出处之道焉。

嗣后世其官者，殆非一姓，苍梧有湘妃氏，则以文采显；交南有檀夫氏，则有芳韫显。其本实足以风世。故皆为工宗所荐。（原载杨荫深编著《事物掌故丛谈·器用杂物》附录，上海书店 1986 年影印出版）

文章中把扇子拟人化为"持风使"者，在第一段中给它拟以姓名、字号、官衔、履历，实际上是说明扇子的历史。第二段写他的政绩，实际上是说扇子的功用，重点是扇风纳凉。并用几句议论文字比较人工风与自然风的关系，富有哲理性。第三段写它自知进退的处世之道，说明用扇的时序性，喻示为人行事不可以违时。第四段附带说明了扇子种类，提到了湘妃竹扇和檀香木扇，即所谓湘妃氏、檀夫氏。全篇读来既妙趣横生，又发人深省。

以后人们便把扇子称作"持风使"了。清人蒋伯超《南漘楛语·器用别名》："持风使，扇也。"

七、鬼斧神工

（一）汉代已有机械扇

扇子一般是用手摇动生风取凉的，古代更是如此。只是到了现代，随着科技的进步，才出现了各式各样的轮式电动风扇。然而在我国的汉代却出现过几种手工操作、驱动的机械扇子，名叫轮扇。西汉时长安巧工丁缓发明制作的七轮扇最为有名，可以说是开了机械扇子的先河。

传为晋人葛洪编写的《西京杂记》，是一部杂载西汉轶事的笔记，据说资料来源于西汉末年的古文经学家刘歆，其中有一则材料说：

> 长安巧工丁缓者，为常满灯、七龙五凤，杂以芙蓉莲藕之奇。又作卧香炉，一名被香炉，本出房风，其法

后绝，至缓始更为之。为机环转运四周，而炉体常平，可置之被褥，故以为名。又作九层博山香炉……又作七轮扇，连七轮，大皆径丈，相连续，一人运之，满堂寒颤。

丁缓，西汉成帝时长安工匠，机械家、发明家、工艺品制作家。除上述四种制作外，还曾为赵飞燕的妹妹赵昭仪建造装修过昭阳殿，制造过七枝灯、博山炉等器物，工艺精绝，与当时李菊同被称誉"巧为天下第一"。七轮扇为其首创，对后世有很大影响。宋人高承的《事物纪原》"轮扇"一则中，引述《西京杂记》丁缓作七轮扇之事后说：

今禁中泊宗戚贵室，亦多为此物者。盖起自汉丁缓云。

七轮扇是轮扇一类，因其状如车轮而得名，像现在的电扇一样，是转动中轴上的若干叶片生风的。这种扇子虽然仍是手工制作，以人力为动力，但七个轮扇相连续，每个轮的直径都在一丈长左右，可也算得上是不折不扣的机械运动了。试想，七轮组合为一体，置于一室，同步运作，风力自然比一般扇子大得多，所以才有使屋里的人寒战的效果。这在两千年前的西汉时期确实是个创举，应该在古代科技史上占一席之地。据《西京杂记》，西汉成帝年间还有一种名为"回风扇"者，见于宫廷，为赵昭仪送给赵飞燕的礼物，不知是否为丁缓所制，也许是七轮扇的另一名称。

西汉时期另有一种轮扇，就是农用加工粮食的扇车。西汉元帝时史游的《急就篇》有载：

> 碓硙扇隤舂簸扬。颜师古注：扇，扇车也。隤，扇车之道也。言既扇之且令坠下也。舂则簸之、扬之，所以除糠秕也。

从现存的传统扇车来看，其轮扇之制是在车轴周围环插 6～8 片木板扇叶，每片长约尺余，宽约半尺，装置在一个箱柜形的木器之内，摇动起来风力很大，可以代替簸箕，以扇去谷物的糠秕杂质。它虽用作粮食加工，却具有扇子的机械功能，自然也可以用为给人扇风。汉元帝在汉成帝之前，扇车行世比七轮扇早，丁缓可能是受扇车的启发才创制出七轮扇的。

在唐代初年，扇车真的就用来扇凉，而且是用水力来作动力的。《庐陵宫下记》中说：

> 明室起凉殿，拾遗程知节上疏极谏。上命力士召对。时暑毒方甚，上在凉殿，座后水激扇车，风猎衣襟。

据宋代王党《唐语林》载，这一用水力风扇来降温清暑的凉殿系唐太宗所建，想必到了唐玄宗李隆基这一代皇帝还在享用。这种轮扇，在宋元间又称作风车。无名氏《青玉案》词中说："风车慢揽，月扇空挥。"指的就是扇车式的轮扇。潘子真《诗话》："东谷所见，寒犹可御而暑不可避，凉亭水榭，风车簟枕，世不多有。"然而也不一定，《金瓶梅词话》第二十七回说有三等人不怕热，其为"王侯贵戚、富室名家，梅日雪洞凉亭，终朝风轩水阁，虾须编成帘幙，鲛绡织成帐幔……云母床上铺着那水纹凉簟、鸳鸯珊枕，四面挠起风车来……又有那如花似朵的佳人在旁打扇。"可见明人所用。

另据明徐矩明《事物原始》所考，唐高宗时"王玄宝有一皮扇子，制作甚质，暑月燕客，置扇于座，用新水洒之，则飒然风生，巡酒之间，客有寒色。明皇使中使取视，爱而不受，曰："乃龙皮扇子也。"此事《开元天宝遗事》卷下"龙皮扇"条也有记载，乃又一扇子艺术的别出心裁之作矣。

（二）吴扇蜀扇多奇产

西晋人傅咸有《羽扇赋》，中云：

> 吴人截鸟翼而摇风，既胜于方圆二扇，而中国莫有

生意。灭吴之后，翕然贵之。

如此说来，似乎羽扇是从吴地兴起，然后流播全国的，时在晋武帝灭吴而统一三国之后。这当然不能作为考察羽扇起源的根据，只能说明当时吴扇以羽扇居多，"吴人截鸟翼而摇风"，成为吴地产扇的一种"地方特色"。我们观戏曲舞台上诸葛亮手持的羽扇，似乎就是那种很是原始的"截鸟翼"而为之者，不知是否梨园行里考有所据，也不知是否历史上的诸葛亮所持者，就是吴地所产，或源自吴地所产。但与诸葛亮同时，与魏、蜀鼎立的吴国的名将周瑜，如苏轼所说"羽扇纶巾"、"雄姿英发"，其所持的羽扇自是吴扇无疑了。

今所谓吴扇，泛指江苏、浙江太湖流域和古属吴地之扇，以苏州为中心，旁及嘉兴、南京。吴扇向以精巧、翻新闻名，且多有文化蕴含丰厚的名扇传世。羽扇仅为其一，后世团扇、折扇之佼佼者，也多出自于吴。明沈德符《万历野获编》云：

团扇制极雅，宜闺阁用之。予少时见金陵曲中，诸姬每出，尚以二团扇令侍儿拥于前，今不复有矣。

又记制扇名手云：

往时名手有马勋、马福、刘永晖之属，近年则有沈少楼、柳玉台，一而蒋苏台，同时尤称绝技。

看来马勋当年是首屈一指的名家。明张岱《陶庵梦忆》记：

> 吴中绝技……马勋、荷叶李三治扇……俱可上下百年，保无敌手。

明徐树丕《识小录》：

> 若吴中……马勋之治扇……皆一时之尚也。

明王世贞《觚不觚录》：

> 今吾吴中……马勋治扇……皆比常价再倍。

《万历野获编》又记吴中折扇种类云：

> 今吴中折扇，凡紫檀、象牙、乌木者，俱目为俗制，惟以棕竹、毛竹为之者，称怀袖雅物。

据此，可知吴中扇制变迁之速。这还仅是就吴中折扇的制作用料而言，至若各种扇子的花样翻新，在吴中更是多且广的。像苏轼那样书扇、画扇、铸金扇者，像后来杭州王星记扇庄的诸多奇巧之作，都是可以在吴扇史上大书一笔的。

扇制的变迁之速，何止吴扇如此。明陆嘘云《世事通考·杂货类》，列举当时有名的扇种有：

> 倭扇、川扇、墩扇、徽扇、溪扇、湘扇、浙扇、柯扇、秋扇、戈旗扇、芭蕉扇、蜀府扇、阡纸扇、上杭、

青阳扇、苏十八、葵叶扇。

而清人俞樾《茶香室丛抄》曰：

> 国初所用之扇，国朝王渔洋《香祖笔记》云："二十
> 年来，京师士大夫不复金扇，初则尚金陵仰氏、伊氏素
> 纸扇，继又尚青阳扇、武林各色夹纱扇，未几废而不行，
> 独尚曹氏靴扇、溧阳歌扇。"按此等扇名，今世无复知者
> 矣。余《谢徐花农赠竹扇》诗云："武林旧夹纱，此堪伊
> 仰伍。"读者多不解也。

试看今日扇子艺术和扇子市场变化、发展之快，可知斗
转星移也。

上所云川扇也称蜀扇，在全国大负盛名，始于明代。而
其之所以大负盛名，是由于其为贡品，"尤宫廷所尚"的缘
故。于此，明人王士性《广志绎》有记："蜀锦、蜀扇、蜀杉，
古今以为奇产。""扇，则为朝廷官府取用多。"明人吴长元
《长安客话》记有于文定公（慎行）《赐画面川扇》诗云：

> 九华彩扇贡巴东，午日承恩出汉官。
> 云影金泥黄帕解，花开宝绘玉函空。
> 擎来濯锦江头月，动处披香殿里风。
> 自是君恩在怀袖，惟将皎洁矢丹衷。

明人沈德符的《万历野获编·四川贡扇》记载较详：

> 聚骨扇，自吴制之外，惟川扇称佳。其精雅则宜士人，其华灿则宜艳女。至于正龙、侧龙、百龙、百鹿、百鸟之属，尤宫掖所尚，溢出人间，尤贵重可宝。今四川布政司所贡，初额一万一千五百四十柄，至嘉靖三十年，加造备用二千一百，盖赏赐所需。四十三年，又加造小式细巧八百，则以供新幸诸嫔用者，至今循以为例。按蜀贡初无扇柄，先朝有镇守内臣，偶一进献，遂设为定额，责之藩司，亦犹蔡端明之小龙团，为宋厉阶，况此举出寺人辈，无足怪者。又蜀王所贡，闻又精工，其数亦以千计，上优诏答，赐银三百两，大红彩衣三袭，岁以为常。凡午节例赐臣下扇，各部大臣及讲筵词臣，例拜蜀扇，若他官所得，仅竹扇之下者耳。

明谈迁《枣林杂俎》所记一例，更可管中窥豹：

> 乙未四月七日，文书房传旨：着四川布政司照进到年例扇柄内，钦降花样彩画面各样龙凤扇八百一十柄；内金钉铰彩画面浑贴雕边骨龙凤舟船扇十五柄，寿比南山福如东海扇十五柄，四阳捧寿福禄扇十五柄，百子扇十五柄，群仙捧寿扇十五柄，松竹梅结寿福禄扇十五柄，

七夕银河会扇十五柄，菊花兔儿扇十五柄，天师降五毒扇十五柄，四兽朝麒麟扇十五柄，孔雀牡丹扇十五柄，苍松皓月扇十五柄，菊花仙子扇十五柄，闲花扇十五柄，满地娇翎毛扇十五柄，金菊对芙蓉扇十五柄，四季花扇十五柄，荼梅花草虫扇十五柄，聚番扇十五柄，白泽五毒扇十五柄，盆景五毒扇十五柄，八蛮进宝扇十五柄，百鸟朝凤扇十五柄，盘桃捧寿扇十五柄。以上三十三样，俱金钉铰彩画浑贴雕边骨。每样添造四十五柄，共六千柄，每年为例。其余年例者，今年二月传添造八千八百柄，俱照样数，每年如法精致赤金造进。礼部知道！

明人谢肇淛《五杂俎·物部四》记曰：

蜀扇每岁进御，馈遗不下百余万，以上官中所用，每柄率值黄金一两。

由是知蜀扇作为贡扇之产的隆盛。

蜀扇起于何时？今见文字记而称羡者，是在唐代。唐代诗人李德裕任剑南西川节度使时，写有一篇《桐花凤扇赋》，中云："彼（桐花凤）飞翔于霄汉，此藻绘于冰纨；虽清秋之已至，常爱玩而忘餐。"桐花凤，是川人对一种红碧羽相间、美如彩凤的小鸟的称号。据说当年锦江两岸遍植紫桐，每到春暮夏临，繁花似锦，这些"小彩凤"便降临树上，飞来飞去，直到秋尽花谢，才迁徙而走。由于它们年年来去与桐花相伴随，便得了这"桐花凤"的美名。人们喜爱它们，认为它好看、吉祥，便把它们绘在纨扇上，其雅丽美观，竟达到了使人"常爱玩而忘餐"的境地。尤其是，桐花凤被藻绘于"冰纨"之上，当"冰纨"轻薄晶莹、透明如水时，人们手执纨扇轻轻摇动，其上所绘花鸟，岂不鲜活如真，在手上、脸前"随风"摆动飞舞？美哉至极，实是巧夺天工。而古时四川的锦州一带，就有"一茧造一扇"之说，称为"锦扇"。一茧之丝可造一扇，其轻薄精巧、晶莹透明的程度，也就可想而知了。

后世，蜀扇就发展得更为品类繁多、花样百出了。除绢、纨扇之外，羽毛扇、棕叶扇、芭蕉扇、竹扇（竹编团扇）等都渐次出名，形成了川蜀名扇的庞大系列。尤其是到清朝光绪年间出现的"龚扇"，成了蜀扇名牌大军中的佼佼者。

龚扇，起始于四川自流井（今自贡市）竹编艺人龚爵五的"龚氏世家扇"。清光绪年间，龚爵五先由编一般竹丝扇起家，后对工艺、用料更加讲究，又受成都皮烘笼的启发，在扇面上编织出"福"、"禄"、"寿"、"喜"等吉祥字符和"喜鹊闹梅"等吉祥喜庆图案，颇得人们喜爱，声价日高。光绪末年，龚爵五的竹丝团扇在一次四川全省手工艺品评选中名列前茅，就越发有"知名度"了。到了龚爵五的儿子龚雨璋这一代，其龚扇精艺更具特色。尤其是他将名家画稿编织为扇面，且编织得酷似原作，使购者既欣赏、领略到龚扇的绝妙编织艺术，又欣赏、领略到名人大家的书画作品，具有双料的收藏价值，自然就更为名声远扬了。

（三）出土古扇堪称绝

1965 年在江阴一座明代浇浆墓中，出土了一柄有 18 根竹骨，竹骨高 27.3 厘米的剪纸折扇。与此同时出土的一本收粮簿封面上写有"正德十年"（1515 年），由此可见，这柄剪纸折扇的制作，也当在这一时期。

这柄剪纸折扇独特的可贵之处在于，它不同于书画家的题扇和画扇，而是一件民间的扇子美术工艺品，为研究当时当地民间的剪纸艺术及其功用，提供了重要的史料。这柄扇子表面呈素色，而当打开用时，在阳光照射下，就透显出一幅剪纸"梅鹊报春图"来。原来，这柄扇子的扇面有里外三层：第一层裱的是丝绵纸，第二层是粘贴的剪纸图案，第三层再裱以丝绵纸。这样，正好把剪纸图案夹置于两层扇纸的中间。这一方面说明制作时对这幅剪纸图案的重视，另一方面说明当时制作此类折扇的技艺的精湛高超，同时也反映出了当时的人们对折扇美术图案若隐若现、似无实有、虚虚实实若神来之笔美学效果的欣赏与追求。"梅鹊报春图"梅枝挺秀，喜鹊伫立，精雕细刻，玲珑剔透。图中、图下有"卍"字形和缠枝形纹。扇面的四边图案用的是当时流行的民间美术工艺的花纹饰，即阳刻用龟背纹，阴刻用缠枝纹，阳刻高8.5厘米，横上宽28.5厘米，下宽15厘米，这样就使"梅鹊报春图"四周留下了大量空白，使整个扇面布图巧妙、自然，和谐优美。另外，扇面表面上涂以柿汁，且洒金点点，更使得整柄扇子浑然天成，身价倍增。

另外，雕漆工艺起于唐代，至宋代获得较大发展，但这只是文献记载，传世实物却一直未见。1975年，在江苏金坛茅麓公社的一座古墓中，出土了两柄团扇，其中一柄是雕漆活柄团扇。墓主人是南宋补中太学生周瑀。扇柄刻有"君玉"二字，知为周瑀生前所用之物，死后用作陪葬。这柄雕漆活柄团扇的发现，以及它的作为陪葬品的重要功用价值，都是认知我国器用工艺文化史的一大收获。

这柄团扇，有下列特点：（1）就形状来看，古代的团扇，形状多为圆形、扁圆形、梅花形、海棠形等，而周瑀墓中的两柄团扇，则都是"方不应矩，圆不中规"的长圆形，且都是以细木杆做扇轴，以竹篾丝为扇骨，显见那时的制作工艺水平之高。（2）当时团扇，常见的多为绢纱等丝织品扇面，而这两柄团扇，却都是用纸糊成，显示了像周瑀这样的文人雅士的不同凡俗、追求新异的"雅趣"。这也许正是我国工艺美术不断获得发展的催动因素之一。（3）这柄雕漆活柄团扇的扇柄，其制作工艺的考究，实为罕见珍品。其木柄呈梭子形状，上下细，中间粗，用脱脂法施以黑红两色髹饰，竟多至十多层，厚至二三厘米，然后镂空透雕出三组对称的双云头如意纹，将木柄套位，可旋转自如。这样，手握雕漆扇柄扇动时，因扇面本身的重量压力而不会从套柄中脱落滑出，显得十分精巧别致，高雅成趣。即使在今天，这样的制扇工艺及其样式，也极有参考借鉴价值。

（四）当代特扇更足美

早在后蜀孟昶（919—965 年）时，曾出现过一种"雪香扇"。宋陶谷《清异录》载：

孟昶夏日调龙脑末涂白扇上，用以挥风。一夜，与花蕊夫人登楼望月，误坠其扇，为人所得，外有效之者，名雪香扇。

记又见明周嘉胄《香乘·雪香扇》。可知早在 10 世纪，香扇已有，不过不是檀香木之类，而是涂以香料而成。用檀香木制扇，大约是 20 世纪初之事。

作为苏杭扇品名产的檀香扇，最早的出现是在 1920 年。第一次制作檀香的作坊是"张卿记"。当时所制的檀香扇，还都是用纸或绢作扇面的，且只在大骨上雕刻图案。到 1930 年，开始有了如今常见的用檀香木片联成的女用檀香扇。

檀香扇的原料降香檀木，是我国南方生长的一种珍贵木材，质为红褐色，适于精细镶嵌、雕刻。用它制作扇子，先后经过锯片、组装、镌拉、绘烫、镶嵌等复杂工艺。拉出的图案既美观，又使扇面越发玲珑剔透；烫出的火笔画与檀香木的原色十分谐调，显得古雅浑厚；雕出的山水人物、花鸟虫鱼等立体感极强、形象生动；绘出的彩画艳丽富贵，耀目生辉；加上檀香扇的天然香味沁人心脾，有清心醒脑功效，因见深受国内外市场的欢迎。尤其是女性，不论是小姐还是太太，一把精致雅丽的檀香扇在手，显得不同凡俗，身价倍增。

苏州原"张卿记"作坊，后来发展成了有名的大规模的苏州檀香扇厂。该厂生产的"凤恋牡丹"，扇面为体态轻盈、色彩富丽的凤凰，底衬凝重丰满、色彩富丽的牡丹，寓祥瑞、富贵之意，成了一种民族特色甚浓的传统扇品。1983 年该厂问世的三把微型扇，其中之一就是檀香折扇，重仅一钱，长只一寸，却用传统烫花工艺绘制了构图复杂、画面丰富、生动美丽的《天女散花图》。1982 年杭州王星记扇厂制作的在扇面上镂拉出近两万个孔眼、组成精美图案的《西厢记》檀香扇，更堪称檀香扇工艺的创举。

据宋李心传《旧闻证谈》云："哲宗登极（1085）……唯母朱妃号未定……服用微扇等皆红。"不知其"微扇""微"到何种程度，而苏州檀香扇厂于 1983 年制作的三把微型扇，则系今见使人叹为观止的小扇之最。

这三把微型扇，一把是檀香折扇，一把是象牙折扇，一把是象牙宫扇。

先说檀香折扇。它展开后，比火柴盒的面还小，却是采用传统的烫花工艺绘制的《天女散花》。肉眼看上去，天女的脸蛋儿只有一颗豆粒大小，散下的鲜花小如针眼儿，然而用

　　放大镜一照，却见天女柳眉凤眼，娇丽秀美，那飘逸的裙带，极富神韵。她散下的鲜花呢，有牡丹，有芍药，有芙蓉等等，幽香袭鼻，使人既知是檀香，也疑为花香。

　　再说那把象牙折扇，也是展开不足方寸，却由 16 片薄如蝉翼的扇骨构成，上用楷、草、行三种书法，镌着唐诗 300 首，总计达 1.4 万余字。其中只在第一片扇骨上就刻了白居易的长篇叙事诗《长恨歌》；只在第十三片扇骨上就刻有唐诗 29 首。且每诗尾部，均落有一枚红色印鉴。放大镜下观赏这些唐诗及其书法、印鉴，笔力遒劲，疏密有致，与诗的内容表现融为一体，美不胜收。

　　至于那把象牙宫扇，则更小。扇面只有 5 分钱硬币那么大，则镌刻着彩色的《虎丘春景》。肉眼看去，精微工细，放大镜下，则如临春色盎然的虎丘真景，让人感叹不已。

　　1984 年 8 月，安徽省出口商品展览会在香港举办，展出的一幅微书扇面更是令人拍案叫绝一不足盈尺的扇面上，竟用小楷写上了 310 首唐诗，达 21 700 字！书写者是安徽省书法家协会会员、合肥市二轻局工艺美术公司的姚延忠。姚延忠喜赵孟頫体，兼学魏碑、隶书，又取唐代书法家虞世南、褚遂良之长，以潇洒俊逸为风格，整幅扇面布置得满而不挤，疏密有致，气势连贯，形神兼备，堪称珍品。

不久之后，扇面微书领域里又出现了新的奇迹——一幅九寸长的黑纸扇面，竟在单面写下了儒家经典"四书"——《大学》、《中庸》、《论语》、《孟子》，共计 57 430 字！书写者是杭州王星记扇厂微书艺人金岗，他由此而被誉为"世界微书之王"。

这些，还不是扇面微书之最。浙江省绍兴无线电元件厂的蒋炳贤，在上述微书的启发下，花了 4 个多月时间，所完成的另一幅扇面微书杰作，以 74 000 多字，刷新了上面的记录，书写了唐宋元明诗选 1 000 首。字迹小得无法辨认，而放大镜下，却字字珠圆玉满，清晰娟秀，排列整齐，疏密有致，使人感叹。

江山代有人才出。让人喜上加喜、奇外又奇的是，蒋炳贤夺冠未久，1986 年，江苏常熟市唐市造纸厂文书陈嘉良，又在一幅 24 厘米长的扇面上单面写出了一部古典名著《古文观止》，233 篇，108 095 字！

还有特大扇。

前面我们已经介绍了明代宫廷的那把特大扇，而 1982 年秋季广交会上展出的新制特大扇，则更是堪称一绝了。

这柄特大扇是苏州扇厂制作的，扇重 10 公斤，纵长 2 米，横开 4 米，两边的大骨如同游舟的双桨，扇芯小骨由 21 根毛竹制成，纸扇面上绘有百花齐放图，还有八旬老人毕静安手书《清诗话》摘句。作为特大挂扇，它能占满一间大厅的一面墙壁，远远望去，活似一座百花盛开的大花园，扇风拂来，一丛丛花朵娇娜招展，实为折扇艺术的杰作，中外人士叹为观止。

紧接着，1983 年，湖北省便参照这柄特大扇，制作了一批大型扇，供外商选购。这些大扇纵长 1.7 米，横宽 3.3 米，扇面画为《双凤朝阳》，色泽鲜艳生动，形象可感，优雅大观，博得了外商的赞叹，由德、美、日等十多个国家和地区的客商买去，有的做了客厅的装饰，有的做了商店橱窗广告，使中国大型扇艺术名扬四海。

就象牙宫扇而言，迄今最大的，恐怕要数苏州檀香扇厂十多名高手费时一年才得以完成的《百鹤》扇了。这把扇子宽 36 厘米，长 62 厘米，加上扇坠，全长 118 厘米。扇沿是用透雕工艺镂出的盘根错节的松树枝叶和 90 只形态各异、活灵活现的瑞鹤，搭配传神，玲珑立体，巧夺天工。扇面则是正反面一体的浮雕、立雕相兼的"松鹤图"。瑞鹤或引颈梳羽，或单足伫立，或凌空展翅，生动欲出，浑然天成。扇沿底部与扇柄交汇处，是"吉子"，呈鸡心形，一面立雕怒放的牡丹和水仙，另一面是盛开的秋菊，花蕊均为玛瑙、珊瑚等镶嵌。扇柄为梅花图案的镂空方柱体，以象牙细链连接扇坠。全扇耗用象牙 27 公斤，其精湛绝伦的雕镂工艺，堪称扇艺品中的一大奇观。

至于 1984 年杭州王星记扇厂为赴香港参加扇展而特制的巨型屏风扇，则更是大扇品中之最了。它重 16 公斤，边长 2.6 米，展开面积约 10 平方米，用 16 大张牛皮纸接裱而成。上绘巨幅青绿山水《杭州西湖全图》，底以灰黄色，上洒银箔，银光闪耀，气势宏伟壮观，让人将西湖全景尽收眼底，大有身临其境之感，击节赏叹。扇子的两根大边外侧，又是以浅浮雕工艺雕出的分组"西湖十景"，配以深棕色云纹图案，与扇面全景图浑然一体，既古色古香，又现实感极强，可谓价值连城。画的作者潘飞伦，作为王星记扇厂的山水画家，1962 年毕业于浙江美术学院国画系，是国画大家潘天寿的门生。他效法潘天寿，得其精华，颇多创新巨制，以大幅山水见长，有了这一《杭州西湖全图》扇画巨作，声名更为远扬了。

八、友谊的使者

（一）泰戈尔赠扇梅兰芳

印度大作家、大诗人泰戈尔（R. Tagore，1861－1941年），也是一位社会活动家，是中国人民的老朋友。1924年，63岁的泰戈尔来到中国讲学，因与京剧"四大名旦"之一梅兰芳交往，引出了一段题赠扇子的传情佳话。下面仍以《扇子趣话》所记录之。

在中国戏曲研究院，收藏着泰戈尔赠送梅兰芳的一柄珍贵纨扇。

泰戈尔是印度大作家和诗人，梅兰芳是中国的"梨园泰斗"，1924年，两人相聚在中国北京。

泰戈尔是为中印友好来讲学的。这一年，他已63岁，虽然发鬓皆白，但精神不衰，思维敏捷。到北京的那天，正逢他的生日。晚上，他兴致勃勃，由梅兰芳陪同，在东单三条协和医学院礼堂，观看新月社徐志摩等人为他演出的话剧《齐德拉》。这个话剧是泰戈尔自己创作的。当全剧快要结束时，他扶扶鼻梁上的眼镜，含笑向梅兰芳提出："希望在离京前能看到你的演出。"

梅兰芳点头答应了这一请求。没隔几天，便在开明戏院为他专演了一场自己的拿手戏《洛神》。

那天，泰戈尔衣着整齐，特地披了一件红色长袍，挥一柄白绢纨扇，早早就坐在剧场前排。看完演出，泰戈尔赞扬梅兰芳的精湛表演，然后话题一转，又开诚布公地对剧中《川上之会》这幕戏中的布景设计提出自己的意见：这个美丽的神话剧应该从各方面体现诗人的想象力，而现在的布景则显得平淡无味。他建议：布景色彩更强烈一些，用奇峰怪石、瑶草琪花来烘托舞台气氛。

一席话，说得梅兰芳连连点头。梅兰芳是个十分谦虚的人，他想：一个德高望重的外国人，尽管语言不通，却提出这样中肯的意见，这是对自己的爱护和关心。他从心里感谢老人的指点。怎样表达自己的谢意呢？琢磨再三，最后将收藏的一套自己和谭鑫培等老一辈艺人灌录的京剧唱片捧在泰翁面前。

这一下，倒难住了泰戈尔，他想，礼尚往来，是中国人的传统。入乡随俗，这一习惯在他动身来中国之前就早已知道；可这会儿他事先不知道梅兰芳会赠送唱片，身上什么东西也没带，真让人着急呀。

这时，正值夏季，天气炎热，泰戈尔一时着急，身上觉得一阵闷热，拿起纨扇轻轻扇起来，扇着扇着，眼睛一亮，顿时有了主意。只见他站起身，摊开两手，说道："感谢梅先生送我的礼物，我只好用一首诗来答谢。"随后起身，脱口吟出：

> 亲爱的，你用我不懂的
>
> 语言的面纱
>
> 遮盖着你的容颜
>
> 正像那遥望如同一脉
>
> 缥缈的云霞
>
> 被水雾笼罩着的峰峦

他的声音刚停，梅兰芳和众人都一齐鼓起掌来。

这时，泰戈尔又要来笔墨，用毛笔将诗题在那柄纨扇上，原诗是孟加拉文。他怕梅兰芳看不懂，又亲自译成英文，一并题上扇面。

时间一晃就是二十多年。为了纪念这次有意义的相会，1962 年，梅兰芳还亲自写了一首题为"追忆诗人泰戈尔"的诗，登载在同年 5 月 13 日的《光明日报》上：

1924 年春泰戈尔先生来游中国，论交于北京，谈艺甚欢。余为之演《洛神》一剧，忽忽三十余载矣。兹值诗人诞生百年纪念，回忆泰翁热爱中华，往往情见乎词，又采长存，诗以记之。诗曰：

诗翁昔东来，癯铄霜鬐叟。

高誉无骄矜，虚怀广求友。

当日盍簪始，叮承期勖厚。

观赏我薄艺，赠诗吐琼玖。

影声描绘深，格律谨严守。

紫毫书纨扇，笔势蛟蛇走。

微才何足论，鼓舞乃身受。

百岁逢诞生，人琴怅回首。

纪念谈轶事，肤词扫以帚。

惟君恋震旦，称说不去口。

愿偕中国人，相倚臂连手。

文章和美术，探讨皆不苟。

如忘言语隔，务使菁华剖。

忆听升讲坛，响作龙虎吼。

黑暗必消亡，光明判先后。

反帝兴邦意，忧时见抱负。

寰环时代新，孤立果群丑。

惜君难目击，远识诚哉有。

中印金兰谊，绵延千载久。

交流文化勤，义最团结取。

泰翁早烛照，正气堪不朽。

谁与背道驰，路绝知之否。

（二）一扇签满中外名

有一柄不同寻常的扇子，上面签满了中外二百三十多人的名字。这是中国抗日战争期间的一幅珍贵的历史文物，也是扇子文化史上不可多得的杰出"产品"。扇子的保存者翁永泽曾在当年国共合作时期周恩来任军事委员会政治部副部长领导下工作过，80年代初，他赋《金缕曲》一首，抚扇寄情，有"凭扇笑，补青史"之句，令人慨叹。现据《扇子趣话》"一把签满名字的扇子"所记，全文引录如下：

抗日战争爆发的第二年，翁永泽先在张爱萍（当时化名张舟）的领导下，在第三战区第三游击支队政训室工作，任务是争取国民党浙江省主席黄绍竑并改造他领导的军队，以有利于抗战；同时，他们还编印抗日救亡刊物《战时生活》。就在那年夏天，他们接待了一个国际学联访华代表团。领队是国际学联秘书长詹姆士·克鲁格曼，团员三人，一个是美国学生代表，一个是英国学生代表，另一个是加拿大学生代表。因他们是个左翼团体，国民党对他们十分冷淡，千方百计阻挠他们接触中国学生、部队战士和人民群众。

当翁水泽得知代表团住在上海金华励志社后，就和几位同志主动找上门去同他们接触。见面后，代表们十分高兴，一见如故，详细询问了中国抗战形势、国共合作及学生救亡运动等情况。当时，正值盛夏，代表们在座谈访问中又问又记，挥汗如雨，使翁水泽等人十分感动。分手时，一位同志灵机一动，以集体名义赠送了他们每人一柄白纸折扇，上面写着"把日本帝国主义赶出中国，最后胜利一定属于我们"两行大字第三天，访华代表团离开金华。在站台前，代表团也送给他们一人一柄折扇，上面写着：国际学生代表团向你们致意。背面是4位代表的签名。

没隔多久，翁永泽带着这把扇子离开金华到桂林参加郭沫若同志领导的军事委员会政治部第三厅工作。政治部第三厅是国共两党合作抗日的标志之一，1938年4月在武昌成立。根据两党协议，周恩来同志任政治部副部长，郭沫若同志任第三厅厅长。在抗日民族统一战线的旗帜下，第三厅集中了很多进步的文化人。在工作中翁永泽结识了很多革命前辈和文化界著名人士。1940年秋，国民党调周恩来为政治部指导委员，调郭沫若为政治部部务委员。名义上是擢升，实际上是企图拆散第三厅这个战斗集体。第三厅的绝大部分同志看清了国民党的阴谋，表示要与郭老同进退，提出集体辞职。国民党迫于形势与舆论压力，只好再建立一个文化工作委员会，仍请郭沫若担任主任委员。于是，原来第三厅的同志基本上都参加了文化工作委员会的工作，周恩来同志仍继续领导和指挥翁永泽等人战斗。就在这一期间，翁永泽利用国际学联访华代表团送给他的那把折扇扇面，陆续请二百三十多人在上面签名。签名者绝大部分是第三厅和文化工作委员会的领导和战友。他们是：郭沫若、茅盾、田汉、张志让、翦伯赞、华实甫（华岗化名）、何成湘、徐步、潘念之、蔡家桂、蔡仪、胡风、曾克、黑丁、王朝闻、张铁弦、朱洁夫、康天顺、柳倩、臧云远、韩光、方黎、于瑞熹、郭劳为、廖体仁、高植、辛汉文、孙师毅、孟君谋、阳翰笙、凌鹤、梅林、光未然、贺绿汀、叶籁士、胡绳、罗荪、李可染、王绮、卢鸿基、丁正献、石啸冲、朱海观、钱文桢、罗髻渔、马彦祥、杜国庠、冯乃超、老舍、洪深、郑伯奇、傅抱石、邓初民、浓志远、安娥、力扬、苏恰等。

其中还有孩子剧团成员：吴新稼、林梨田、张莺、傅承漠、罗真理、蔡去非、李少青、许玉珍、于立修、周令章、周令芳、张慰慰、丁莉莉、于沪生。

日本人民反战同盟成员：鹿地亘、池田幸子、秋山龙一、新井田寿大郎、江都洋、山田浩、松野博。

在扇面上签名的还有绿川英子和刘仁，还有于镇华，即1945年被国民党在昆明枪杀的于再烈士。

用世界语签名的有乐嘉芳和先锡嘉。

1941年7月，在山城重庆郊区赖家桥一座普通的农家小院里，一批文化人在这里聚会联欢，欢迎郭沫若回国参加抗战三周年纪念会。那天晚上，月色正明，院里高大的银杏树下，摆着十来桌便宴。晚会正要开始，门外一辆汽车戛然而止，周恩来和邓大姐风尘仆仆地从 50 公里外的市区赶来，和大家一起联欢。顿时，全场沸腾了，人们拥上前去，争着和周恩来同志握手。

就在会餐后，翁永泽趁周恩来同志休息时，拿了那把扇子请他签名。周恩来微笑着接过扇子，欣然签上自己的名字，接着邓颖超也在上面签了名。

抗战胜利后，翁永泽东返上海，请人将扇面裱成一个立轴珍藏起来。谁知在"文革"中，这一扇面也遭劫被抄。

一晃四十多年过去了，扇面上签名的老前辈和战友中，许多人已离开人间。睹物思情，不胜感慨。为缅怀先烈，1983年 7 月 16 日，当这把在"文革"中遭劫的扇面又回到翁永泽手中时，他又填写厂一首《金缕曲》，以寄情怀：

四十年间事，回眸看，悠悠陈迹，孰能遗此？湖海漫游印屐齿，多少豪情壮志！托肝胆知音相誓，喜数青春未虚掷；问人间，哪得都如是？何须叹，年华逝。

轴中留得龙蛇字，楚犹新，姓名依旧，几人生死！当日同怀家国恨，怎奈山城雾重；舞长剑，横摧魅魑。

射日弓鸣烽火靖，岂轻忘，人物风流志。凭扇笑，补青史。

（三）古代扇艺传东方

中日、中朝扇子文化的交流，据今见史料记载，以宋代最为频繁。扇子作为文化艺术的凝聚物和思想、情谊的负载体，充当着中外政府和人民间友好交往的使者。

据明人郑舜功《日本一鉴·穷河话海》卷二所记："倭（当时对日本的俗称）初无扇，因见蝙蝠之形，始作扇，称蝙蝠扇。"该书列举了由中国传入日本的五明扇、团扇等。日本奈良、平安时代，日本和我国唐、宋王朝关系密切，友好往来很多。日本、高丽（朝鲜）普遍推崇汉唐文化，在中国书画艺术包括扇子艺术的影响下，创造出了他们各自具有民族文化特色的扇子艺术，并进而反过来传入中国，受到中国宫廷和上层社会的赞赏和欢迎。清人俞樾《茶香室丛抄·三抄》引宋人邓春《画继》云："高丽松扇，如节版状。其土人云，非松也，乃水柳木之皮，故柔腻可爱。其纹酷似松柏，故谓之'松扇'。又有用纸，而以琴光竹为柄，如市井中所制折叠扇者，但精致非中国所及，展之广尺三四，合之只两指许。"

俞樾按："高江村谓：'折叠扇，元时高丽始以充贡。'不知北宋时市井已有。非始元时，亦非始于高丽也。"关于高丽白松扇，苏轼曾以诗赞之："高丽白松扇，展之广尺余。"至于日本折扇，据《宋史·日本传》，则端拱元年（988年）日本僧人来华时，贡物中就有"松扇十二枚，蝙蝠扇二枚"。苏轼在《栾城集杨主簿日本扇》中对日本扇大为赞赏，有"扇从日本来，风非日本风"、"但执日本扇，风来自无穷"之句。据江少虞《皇朝类苑》载，熙宁（1068—1077年）末年开封大相国寺中，就有日本折扇出售，说其扇面绘画极为精美，"意思深远，笔势精细，中国之善画者或不能也"。至南宋，张世南《游宦纪闻》载，宣和六年（1124年）高丽使臣的贡物礼单中，就有"松扇三合，折叠扇二支"。周密《癸辛杂识》记日本折扇曰："倭人聚骨扇，用倭纸为之，雕木为骨，金银花为饰，并有作不屑之画于上者。"所谓"不屑之画"，即所谓"画中藏画式春宫画扇子，买主迎着亮光一看，就看见女人美的所在"（井原西鹤：《好色一代女》）。当然，这类扇画毕竟不是大雅之物，这不是中国扇子艺术行当和中国书画艺术行当大为赞赏的所在。值得中国赞赏和学习的，是他们的一些精巧技术，如折扇的洒金技术，我人不及，明正德（1506—1520

年）年间就曾专派工匠去日本学习过。中日、中朝两国之间扇子艺术的相互交流、影响、学习借鉴，促进了扇子艺术的进一步发展。

长期以来有一种观点，认为折扇原是日本、朝鲜所产，宋代传入我国。明人陈霆《两山墨谈》记曰：

> 宋元以前，中国未有折扇之制。元初，东南夷使者持聚头扇，当时讥笑之。我朝永乐初，始有持者，然特仆隶下人用以便事人焉耳。至倭国以充贡，朝廷以遍赐群臣，内府又仿其制以供赐予，于是天下遂遍用之。而古扇则惟江南之妇人犹存其旧，而今持者亦鲜矣。

无疑，陈氏之谓系一人之见、一时之风，若以此论折扇史，显为谬识。究其由，乃我国宋代之前折扇不多、技艺不高，而日本、朝鲜相对来说，最喜折扇，在折扇上面下功夫最大，技艺精湛，深为我国当时的宫廷和士人喜爱，留下了记载特多，因而给后世人留下了错误印象而已。我国折扇的产生，即使从今见史料来看，至迟也是汉代之事。西汉班婕妤的《怨歌行》（一作《团扇歌》）有"裁为合欢扇"之句，"合欢扇"，应即能开能合之扇，因诗中云"出入君怀袖"，可证。南朝乐府《子夜四时歌》中的《夏歌》中云"即赠合欢扇"，而又"叠扇放床上"，复证。《南齐书·刘祥传》记有"诸渊以腰扇障日"。《通鉴》注云："挡扇，则唐人已有矣。"《广韵》注云："挡，扇别名。"《物理小识》又云："有折团扇、折掌扇，未知折团扇之制如何。今杭州市中鬻扇，有舒之则为团扇，敛之则与折扇无异者，岂即古之折团扇耶?"当无疑也。

（四）欧美也扇中国风

美国《福布斯》杂志 1995 年 5 月 9 日一篇文章说："扇子在西方流行是 17 世纪开始的。当时，西方与远东的贸易初见端倪。起初，只有上流社会的人才买得起扇子，它们自然成了财富和身份的象征，就像艺术品一样。贵族们订制的手工扇子，成本动辄数千美元。"一柄扇子如此昂贵，实际上就是作为艺术品来制作、买卖或馈赠的。

实际上，中国扇子是 16 世纪经葡萄牙流传到欧洲的，17世纪已在法国盛行。国王查理二世的皇后伊夫林夫人是葡萄牙人，清康熙三年（1664 年），深爱中国折扇的伊夫林夫人从巴黎的传教士那里购买了大批中国折扇。至 18 世纪，英国国王乔治一世和皇后安妮都酷爱中国艺术，在他们的带动和影响下，折扇也开始在英国普遍流行开来。

在中国，折扇多为男士所执，妇女用的，多是绢制宫扇，或曰团扇。但是，当中国折扇流传到欧洲，其功用及其意味便走了样，折扇成了欧洲上流社会女士们的专用饰物，男士们很少有携带的。折扇成了女士们社会交际生活中的不可或缺之物。因此，欧洲人也开始大量制作起扇子来，后来风及美洲。正如《福布斯》杂志刊文所说，"扇子成了每个淑女衣柜中的必备之物。从 17 世纪中叶一直到 20 世纪初，在欧洲或美洲，没有一位穿戴体面的妇女外出时不带扇子。她们的扇子除了扇风驱热外，还可作为吸引别人注意和卖弄风情的道具。"

扇子的故乡在中国。无论欧洲制作的扇子档次高低，工艺如何，美观与否，欧洲人对于中国扇子一直情有独钟，十分珍爱。清乾隆五十八年（1793 年），英国使臣马嘎尔尼奉英王乔治三世之命来华，于 9 月 14 日在热河行宫觐见乾隆皇帝，乾隆回赠马嘎尔尼 240 把珍贵的折扇和 26 把宫扇，托他转交乔治三世。这些折扇和团扇到了英国，被作为名贵的珍物在宫廷展出，得到了英王和王后、贵族大臣们的珍爱和赞赏。

现在，欧美人喜爱中国传统扇子艺术的程度，与以前相较，是有过之而无不及的。

附：《福布斯》"扇子趣史"

扇子的历史与炎热的天气一样悠久。

对于收藏家来说，扇子收藏热也像孟买5月的气温一样灼人。单是克里斯蒂拍卖行，每年就要举行4～5次扇子拍卖会。

收藏者在廉价的露天市场信步浏览，花几美元就能抱走一大摞扇子的日子早已一去不复返。如今，许多被认为具有次等价值的扇子的拍卖价格往往起价就是1 000～3 000美元。

早在公元前很久，中国人就使用扇子。除了扇风外，它还有别的功用。中国古代的男女贵族在经过其他同等地位的贵族身旁时，常以扇遮面，为的是避免啰啰唆唆的寒暄，日本武士则在格斗中用扇子传递信号。

扇子在西方流行是17世纪开始的，当时，西方与远东的贸易初见端倪。起初，只有上流社会的人才 买得起扇子。它们自然成了财富和身份的象征，就像艺术品一样。贵族们订制的手工扇子，成本动辄数千美元。

后来，巴黎人开始大量制作扇子，扇子便成了每个淑女衣柜中的必备之物。从17世纪中叶一直到20世纪初，在欧洲或美洲，没有一位穿着体面的妇女外出时不带扇子。她们的扇子除了扇风驱热外，还可作为吸引别人注意和卖弄风情的道具。

18世纪初，成本低廉的纸质印花扇问世。到1851年伦敦举行万国博览会时，这些廉价扇子被当作广告宣传品，其情形颇似今日满街触目的圆领T恤。

香水和酒品公司通过简单的扇子来展示其产品。到20世纪初，政治竞选中的候选人在扇子上贴上他们的头像和口号，广为散发，以壮声势。

在收藏家中，那些为纪念重要事件（例如1783年第一个载人热气球在法国升空）而手工制作的扇子——尤其是那些制作精美的——最有价值。曼哈顿扇子收藏家霍华德·温伯格说："你看到的是历史，不只是扇子。许多扇子描绘的往往是一次加冕、一场战役，或是一个婚礼。"

1991年，克里斯蒂拍卖行拍卖的一把18世纪手工制作的路易十四婚礼纪念扇价格高达 2 万美元。此扇的扇骨为银质，上有精美雕刻，不愧为同时代欧洲纪念扇中的最佳珍品。

大多数收藏家专门收集某一类扇子，例如东方扇子、羽毛扇、广告扇，来自非洲和南美的原始风格的扇子以及各种出处有趣的扇子。16 世纪至 20 世纪初之间的欧洲画扇卖价最高。1989 年，法国画家德加的一幅描绘芭蕾舞女登台演出之前楚楚动人的扇面，以 35 万美元的高价成交。

根据形状，扇子可分为三类：硬扇、百叶扇和折扇。硬扇多为圆形，广告扇通常做成这种样子。百叶扇由许多薄而轻的木片、象牙或玳瑁壳串成。它们一头以铆钉固定，另一头串以丝线。东方出口到西方的扇子有许多是百叶扇，不过，最普通的还是折扇。

住在休斯敦市郊的古玩估价人埃德·丹尼斯收集了两千多把扇子，数量之众在美国首屈一指。这些扇子的历史最早可追溯到 17 世纪后期。她的丈夫、软件工程师克里斯·贝克也有藏扇的嗜好。

据丹尼斯估计，他们夫妇买扇子已花去了大约 15 万美元。他们收集的扇子买来时大多低于 2 000 美元，不过现在这些扇子的总价值估计已达 50 万美元。